KB070236

읽으면 진짜

글재주 없어도

글이 절로 써지는 책

우에사카 도루 지음
장은주 옮김

읽으면 진짜
글재주 없어도
글이 절로 써지는 책

위즈덤하우스

모든 일에서
쓰기 능력이 요구된다

- 글쓰기라면 질색이다. 메일이든 기획서든 웬만하면 피하고 싶다.
- 처음 한 줄을 쓰는 데 엄청난 시간이 걸린다. 글 쓰는 시간이 괴롭다.
- 글로는 잘 표현이 안 된다. 말로는 잘할 수 있는데.
- 다시 쓰라는 지적을 받고 몇 번이나 고쳐 써보지만 도통 나아지지 않는다.
- A4 용지 2장짜리 보고서 하나를 붙들고 종일 끙끙 앓는다.

이런 고민을 이 책이 말끔히 해결해줄 것이다. 나아가, 원래 글을 잘 쓰는 사람에게도 시간 낭비 없이 빠르고 정확하게 쓰는 기술을 선사한다.

요즘만큼 글쓰기가 중요한 시대는 없었다.

- 메일, 리포트, 기획서, 프레젠테이션 자료
- PR 기사, 사보, 영업 보고서, 회의록
- 블로그, 메일 매거진, SNS 등

모든 사람이 모든 일에서 쓰기 능력을 요구받는다. 하루 대부분 시간을 뭔가를 쓰는 데 보낸다. 쓰는 속도가 빨라지면 당연히 일도 빨라진다. 생산성이 몰라보게 높아진다.

나는 지금까지 3,000명이 넘는 사람을 취재하면서 글 쓰는 일을 해왔다. 카리스마 넘치는 기업 경영자부터 세기의 발견을 한 과학자, 저명한 경제 평론가, 경영 컨설턴트, 유명 스포츠 선수에 이르기까지 자기 분야에서 최고로 꼽히는 사람들이 취재 상대였다.

그들의 이야기를 쓰면서 한 가지 공통점을 발견했다. 일을 잘하는 사람일수록 속도가 빠르다는 점이다. 메일 응답도 빠르고 기획서도 눈 깜짝할 새에 완성한다. 최대한 빨리 쓰고 남는 시간을 다른 일에 사용한다.

하루 300자가 한 시간에 300자가 되다

나는 카피라이터로 사회에 첫발을 디디면서 글 쓰는 일

을 하게 됐다. 하지만 처음부터 수월하게 썼던 것은 아니다. 초보 시절에는 300자 카피를 쓰는 데 종일 걸리기도 했다.

그 후 프리랜서로 전향하여 지금은 책 집필을 주업으로 삼고 있다. 저자, 그러니까 저작권을 갖고 있는 당사자를 장시간 인터뷰한 후 그를 대신해 책을 쓴다.

내가 주로 담당하는 분야는 저명 인사의 독특한 기법이나 사고방식을 전하는 경제경영서다. 경제경영서는 한 권에 10만 자 전후가 보통이다. 나는 그 10만 자를 4~5일 만에 다 쓴다. 매월 한 권씩 쓰니 1년이면 열두 권, 어떤 해에는 열네 권을 쓰기도 했다. 내가 집필한 책 중에는 감사하게도 베스트셀러도 적지 않다. 그간 판매 부수를 모두 합하면 200만 부가 넘는다.

물론 책만 쓰는 것은 아니다. 잡지와 인터넷 뉴스 사이트에 연재도 하고, 저명 인사의 인터뷰나 대담 또는 기업 리포트 기사도 쓴다. 3,000자 정도의 기사를 쓰는 데는 한 시간 남짓 걸리고, 많을 때는 한 달에 10건이 넘는다. 기사는 분량이 한 건당 3,000~7,000자이니 한 달에 대략 5만 자다.

책과 기사를 합치면, 나 혼자서 한 달에 15만 자를 쓰는 셈이다. 또 세미나 등의 강연과 저술가를 양성하는 '우에사카 북라이터학원'을 운영하고 있다. 나처럼 저작권자를 대신해 저서를 집필하려는 사람들을 위한 학원이다. 그래서 프레젠테이션 자료도 작성하고 매력적인 인물이나 기업을 찾았을 때는 직접 기획서를 쓰기도 한다.

이처럼, 한 권의 책에서 짧은 기획서까지 나는 매일 글을 쓴다. 프리랜서가 된 지 23년 차이지만, 아직 한 번도 마감을 어긴 적이 없다.

"어떻게 그렇게 많은 일을 처리하나요?"
"어쩜 그렇게 일을 빨리 끝내죠?"

이런 질문을 자주 받는데, 늘 이렇게 답한다.

"빨리 쓰거든요."

매일 많은 일을 하면서도 빨리 쓰니 마감을 지킬 수 있다. 출판 업계에서는 원고가 늘어지는 사람이 적지 않다. 그래서 마감만 잘 지켜도 거래처와 최소한의 신뢰 관계를 구축할 수 있다는 이점이 있다. 빨리 쓰는 것은 나의 최강 무기다.

업무용 글에 재능은 필요 없다

이 책의 목표는 일하는 데 도움이 되는 알기 쉬운 글을 쓰는 것이다. 막히는 곳 없이 술술 읽혀 야무지게 제 역할을 해내는 글을 어떻게, 그리고 빨리 쓸 것인가가 핵심이다. 필요에 의해 내가 나름대로 체득한 이론과 기술을 이 책에 처음으로 소개한다.

이 책을 손에 쥔 사람이라면 아마 글쓰기를 주제로 한 책을 한두 권은 읽었을 것이다.

'몇 권이나 읽었는데도 글쓰기는 여전히 어려워.'
'전문가니까 쉽지, 일반인이 이걸 어떻게 따라 해?'
'역시 글 쓰는 재능은 타고나야 하나 봐.'

글쓰기 책을 읽고 이런 좌절감을 느낀 적이 있더라도 괜찮다. 업무상 필요한 글은 대부분 재능을 요구하지 않기 때문이다.

소설가나 수필가라면 읽는 이의 심금을 울리는 감동적인 문구나 문체, 누구도 예측하지 못한 스토리 전개 등 고도의 재능을 갖춰야 할 것이다. 하지만 업무용 글로 전하고자 하는 것은 '글 자체의 매력'이 아니다. 읽는 이에게 도움이 되는 내용을 알기 쉽게 전할 수 있다면 그것으로 충분하다.

나 역시 글 쓰는 것을 무척 싫어했다. 초등학생 때부터 작문이나 독서 감상문이라면 질색이었고, 읽는 것도 어려워해서 대학생이 될 때까지 책을 거의 읽지 않았다. 그 사실을 잘 아는 어릴 적 친구들은 지금 내가 글 쓰는 일을 업으로 한다는 사실에 놀라워한다.

나는 지금도 글솜씨가 좋다고 생각하진 않는다. 절대 겸손이 아니라 애초에 글을 잘 쓰려고 한 적이 없다. 설령 내가 누구나 감탄할 미사여구를 쓸 수 있다고 하더라도 그것이 독자에게 도움이 되지 않는다면 전혀 의미가 없다고 생각하기 때문이다.

그러니 안심하기 바란다. 이 책에서는 글이라면 거부감부터 드는 사람도, 글쓰기를 몹시 부담스러워하는 사람도 어렵지 않게 실천할 수 있는 내용만 콕 집어 소개한다.

글감만 의식해도 잘 쓸 수 있다

'알맹이 있는 글'이라는 말을 들은 적이 있는가? 나는 글의 알맹이를 '글감'이라고 부른다. 글 쓰는 속도를 현격히 높이는 유일한 비결은 바로 글감을 의식하는 것이다. 글감을 의식한다는 말은 어떻게 쓸지가 아니라 무엇을 쓸지에 집중한다는 의미다. 이 점만 주의해도 글 쓰는 속도가 10배는 빨라진다.

이 책에서는 쉽게 빨리 쓰는 기술뿐만 아니라, 글쓰기를 도와주는 사고력도 함께 소개한다. 각 장의 말미에는 '글이 절로 써지는 습관을 위한 행동'을 항목별로 정리해 바로 활용할 수 있게 했다. 특히 마지막 장은 실천 편으로, 이 책의 핵심을 다시 짚으면서 내가 쓴 글을 바탕으로 구체적인 활용법을 소개한다.

이 책을 아낌없이 활용하여 글 쓰는 스트레스에서 벗어나길 바란다. 글쓰기의 부담을 벗어던지는 환희의 순간을 고대하며 지금부터 시작해보자.

우에사카 도루

차례

글 쓰는 데
시간이
걸리는 이유

메신저 글은
누구나 빨리 쓴다

- 처음 한 문장이 너무 어렵다.
- 애초에 글 쓰는 것 자체가 싫다.
- 무엇을 어떻게 써야 할지 모르겠다.
- 다시 쓰라고 하는데 막막할 뿐이다.

대부분은 글쓰기를 어려워한다. 그런데 다들 카카오톡이나 LINE, 페이스북 같은 SNS는 잘 사용하고 있지 않은가? 스마트폰으로 메신저 프로그램을 이용하는 데 전혀 거부감을 느끼지 않을뿐더러 메시지를 몇 초 만에 뚝딱 써서 보내는 사람도 적지 않다. 또한 이모티콘이라는 편리한 기능을 이용하면 부담은 더 적어진다. 그렇지만 기본적으로는 글로 주고받는데, 이 글이 어려워 쓰지 못한다는 말은 들어본 적이 없다.

스마트폰에서 보내는 메신저 서비스를 이용할 때는 왜 누구나 거부감 없이 빨리 쓰는 걸까?

가장 큰 이유는 길게 쓰지 않아도 되기 때문이다. 또 표현보다 용건이 훨씬 중시되기 때문이다. 한마디로, 잘 쓴 글이 아니라 정보를 주고받는 글이기 때문이다. 그것도 필요한 만큼만 짧게 말이다.

간단하고 편리한 메신저 서비스

LINE을 어떻게 개발하게 됐는지 취재한 적이 있다. 서비스를 개발하는 와중에 동일본대지진이 발생했는데, 그때 모든 사람이 맨 먼저 한 일이 가족과 친지, 친구들의 안부를 확인하는 것이었다. 그 일을 계기로 개발자는 전화나 메일, SNS보다 더 간단하고 편리한 메신저 서비스가 필요함을 알게 됐다고 한다.

목표는 두 가지다.

- 첫째, 간단하게 결론만 전할 수 있을 것
- 둘째, 전달이 됐는지를 확인할 수 있을 것

그리고 LINE은 실제로 그렇게 만들어졌다. 메시지를 주고받는 화면에는 긴 글이 적합하지 않기에 최대한 짧게 쓰게 된다. 또 '읽음' 표시가 있어서 상대가 메시지를 읽었는지 확인할 수 있다. 최근에는 그런 기능이 당연해져 용건만 명확히 전하는 것이 일상이 됐다. LINE에서 'ㅇㅇㅇ 님'이라는 존칭이나 '염려해주신 덕에 잘 지내고 있습니다' 같은 격식이 들어가면 오히려 생뚱맞다는 느낌을 준다.

메신저 프로그램의 이런 특징을 업무에서 활용하는 회사도 점차 늘고 있다.

용건만 짧게 써도 하고 싶은 말은 전달된다

• 재미있는 발견을 했다, 반짝 아이디어가 떠올랐다, 고객에게 이런 칭찬을 들었다, 안건이 제대로 반영됐다, 이렇게 하면 분명 문제가 생길 것이다.

이처럼 상사 또는 동료에게 즉시 전하고 싶은 아이디어나 사소한 정보 등을 메신저 프로그램으로 주고받는다. 굳이 말로 전달하기에는 머쓱한 소식이나 감정도 LINE을 타고 오간다.

그럼으로써 작은 정보가 회사 전체에 자연스럽게 녹아든다. 아이디어가 아이디어를 부르고, 얼굴을 마주하고는 말하기 힘든 솔직한 의견도 계속해서 돌고 돈다. 의도가 제대로 전달되지 않으면 상대로부터 바로 질문이 날아오므로 궤도 수정도 빨라진다.

메신저 프로그램은 이처럼 글 쓰는 속도와 업무 속도, 조직 전체의 커뮤니케이션 속도를 한껏 높여주었다. 장황할 필요 전혀 없이 짧게 용건만 제시해도 커뮤니케이션이 활성화될 수 있다는 사실 역시 분명히 보여주었다.

잘 쓰려고 의식하면
손이 멎는다

글 쓰는 것을 얼마나 싫어하고 어려워했던지 300자를 쓰는 데 종일 걸렸던 내가 이제는 술술 쓴다. '글이란 이런 것이다', '글은 잘 써야만 한다'라는 속박에서 벗어난 것이 이런 변화를 가져온 가장 큰 이유다.

보통 초등학생 때는 백일장에서 상을 탄 친구의 훌륭한 작문이나 독서 감상문, 대학 시절에는 논리적이고 딱딱한 논문이나 리포트를 주로 접한다. 그리고 사회에 나와서는 신문 사설이나 칼럼, 경제 잡지 기사, 프로 수필가의 글이나 표현력이 풍부한 작가의 글을 블로그나 메일 매거진을 통해 만난다.

당신은 혹시 그런 글을 '잘 쓴 글' 또는 '써야 할 글'로 인식하고 있지는 않은가?

나도 초보 카피라이터 시절에는 어떻게든 멋진 글을 쓰려고 했다. 프로 작가처럼 표현력이 풍부해야 한다고 믿었다. 하지만 아무리 노력해도 그에 미치지 못해 괴로웠다.

어떤 면에서 그것은 당연한 결과이기도 하다. 학교에서도 사회인이 되어서도 상황에 따라 필요한 글을 쓰는 법을 배울 기회가 없었기 때문이다.

그러다 보니 가까이서 자주 접하는 글이 '교과서'가 되기 쉽다. 전형적인 예가 신문·잡지의 기사나 칼럼, 좋아하는 작가의 글이다. 하지만 그런 글은 프로 작가가 오래도록 갈고닦은 실력으로 써낸 것이라 쉽게 흉내 낼 수 없다. 바로 옆에 있는 글이지만 교과서로 삼기에는 장벽이 너무 높다. 따라 하려고 노력하지만 뜻대로 안 되기 때문에 시간이 걸리고 부담감만 커지기 쉽다.

관용구는 멋져 보일지는 몰라도 명확성을 떨어뜨린다

잘 쓴 글에 얽매이면 또 다른 함정에 빠질 수 있다.
한 신문기자가 이런 말을 했다.

"신문의 글은 신문에 실리기 때문에 기사가 되는 것이죠."

즉, 신문이라는 그릇에 어울리는 글이기에 가치를 인정

받는다는 얘기다.

신문에 실리는 글은 딱딱하고 어려운 말이 많아 일반 업무용 문서나 메일에는 어울리지 않는다. 대표적인 예가 신문 칼럼이다. 대학입시 문제에 지문으로 제시될 만큼 잘 쓴 글의 본보기로 다뤄지곤 한다. 하지만 나는 오히려 가장 해서는 안 될 일이 신문 칼럼을 흉내 내는 일이라고 생각한다.

특히 문제가 되는 것이 관용구를 연발하는 것이다.

• 망연자실하다, 간담이 서늘하다, 눈시울이 시큰하다, 호흡을 함께하다, 심증이 가다, 눈을 씻고 보다, 몸 둘 바를 모르다.

이런 관용구를 신문에서 읽을 때는 별로 거슬리지 않는다. 하지만 업무용 글에 이런 표현이 있으면 상당히 생뚱맞아 보인다. 왜 그럴까?

관용구는 '알 듯 말 듯'한 표현이 많기 때문이다. 쓰는 사람 자신이 잘 모르는 말은 독자가 읽어도 잘 모르고, 의도하는 바가 전달되지도 않는다. 관용구가 들어 있으면 글이 그럴싸해 보이지만, 업무용 글에서는 주의가 필요하다. '잘 쓴 글'을 교과서로 삼으면 흉내 내는 데 시간이 걸릴뿐더러 뜻을 정확히 전달하지 못할 우려가 있다.

기승전결도 바른 문법도 신경 쓸 필요 없다

글에 얽매이게 되는 또 다른 이유로 '문장 이론'을 들 수 있다. 예를 들면 이렇다.

- 기승전결을 의식해야 한다.
- 바른 문법을 구사해야 한다.
- 문장부호가 적절히 배치되어야 한다.

나는 20년 이상 글로 밥을 먹고 살아왔지만, 한 번도 기승전결을 의식한 적이 없다. 자랑이 아니라 문장부호의 위치를 공부하는 건 물론이거니와 글쓰기 관련 책을 읽은 적도 없다. 그런 숨 막히는 이론 때문에 글쓰기를 싫어하게 됐기 때문이다.

그런 기준은 국어 교사가 시험에서 점수를 매길 때에나 필요할 뿐이다. 회사 업무에서 기승전결을 의식하고 쓰는 것이 무슨 의미가 있겠는가.

기승전결은 이야기를 구성할 때 효력을 발휘하는 기법이다. 발단이 있고, 사건이 전개되고 위기를 거친 후 맨 마지막에야 결론이 나온다. 그러므로 결론부터 요구되는 비즈니스 세계와는 맞지 않는다. 업무용 글은 어디까지나 의사 또는 결정사항을 전달하는 수단이자 도구이므로 핵심을 정확하게 전달하는 것이 가장 중요하다.

글쓰기를 싫어하는 사람일수록 멋진 표현이나 이론, 문법 등에서 벗어나야 한다. 그러면 빨리 쓸 수 있다. 물론 형편없는 글을 쓰고 싶지 않다는 기분은 잘 안다. 그에 대해서는 내가 사용해온 방법이 있으니 145페이지('좋은 주간지는 최고의 글쓰기 교과서')를 참고하기 바란다.

글은 절대
무에서 시작해서는 안 된다

- 어떻게 써야 할지 모르겠다.
- 펜은 들었지만 막막하다.
- 빨리 끝내야 하는데 좀처럼 써지지 않는다.

직장인들에게 자주 듣는 고민이다. 그럴 때마다 내가 하는 질문이 있다.

"글감은 제대로 준비했나요?"

글을 쓸 때 좀처럼 진도가 나가지 않는 것은 쓸 준비가 되어 있지 않아서다. 쓸 내용이 명확히 정해져 있어야 쉽게 써진다. 집필에 시간이 걸리는 가장 큰 원인은 무, 그러니까 아무것도 없는 맨바닥에서 글을 쓰려고 하기 때문이다.

글쓰기를 집을 짓는 일이라고 생각해보자. 집은 철근, 목재, 창, 문, 수도관 등 무수한 건축 자재로 이뤄져 있다. 만일 당신 혼자서 집을 짓는데, 일을 해나가다가 필요한 자재를 하나씩 구하러 다닌다면 엄청난 시간이 걸릴 것이다. 반면 사전에 어떤 자재가 필요한지 파악하고 모두 갖춰놓으면, 실제로 집을 짓는 건 그다지 큰일이 아니다.

글도 마찬가지다. 무에서 시작하면 갈팡질팡하게 되고, 성과 없이 시간만 잡아먹게 된다. 쓸 내용을 알고 있으면, 즉 글감이 준비되어 있으면 빨리 쓸 수 있다.

신문기자는 어떻게 단숨에 기사를 쓸까?

글 쓰는 일을 업으로 삼으려는 사람들에게 나는 늘 이렇게 말한다.

"우리 일은 쓰는 일이라기보다 듣는 일입니다."

분명 내 일은 최종적으로는 글로 나타난다. 하지만 쓰는 일은 어디까지나 과정의 하나이며, 더구나 가장 마지막 과정에 지나지 않는다. 내가 가장 중요시하는 것은 쓰기 전의 준비, 즉 취재다.

취재란 글감을 모으고 듣는 일이다. 취재로 어떤 글감을 모으느냐에 따라 원고의 질이 결정된다. 좋은 글감을 얻지 못하면 절대 좋은 글을 쓸 수 없다.

기자가 취재하는 이유도 글감, 즉 기삿거리를 얻기 위해서다. 일상적인 기사에서 특종에 이르기까지 항상 발로 뛰며 글감을 모아 만들어낸다. 특히 일분일초를 다투는 특종은 얼마나 빨리 써서 공개하느냐가 승부를 결정한다. 충분히 글감을 모으면, 즉 데스크가 분명한 사실이라고 판단하면 기자는 그 즉시 맹렬한 속도로 써 내려간다.

글 쓰는 데 익숙한 기자들은 글 쓰는 속도도 무척 빠르다. 하지만 아무리 기자라 해도 글감이 없으면 아무것도 쓸 수 없다. 그러니 글감을 준비하지 않고 글을 쓰려고 하는 사람은 신문기자도 할 수 없는 일을 욕심내는 셈이다.

글감이 없으면 소설가도 글이 막힌다

이 책은 소설가 지망생을 대상으로 하지는 않지만, 소설가가 정말 대단하다고 느낀 적이 있어 소개한다.

아쿠타가와상(소설가 아쿠타가와 류노스케의 문학적 업적을 기려 제정된 문학상)을 받은 어느 순수문학 작가를 취재하던 때의 일이다.

"어떻게 소설을 쓰십니까?"라는 내 질문에 그가 "처음부터요"라고 대답했다.

순간 내 귀를 의심하며 한 번 더 물었다.

"어떻게 소설을 쓰시나요?"

"그러니까 처음부터요."

이 말인즉, 처음부터 쓰기 시작하면 그대로 마지막에 이른다는 것이다. 어떻게 전개해나갈지를 사전에 생각하지 않고, 원고지를 펼친 순간 첫 문장부터 마지막까지 써 내려간다는 말이다. 글감 같은 것도 전혀 없이 말이다. 놀라서 입이 쩍 벌어졌는데, 아마추어는 절대 이런 경지에 오를 수 없다.

하지만 소설가라고 다 그런 건 아니다. 대부분은 모델이 될 만한 인물이나 직업, 업계 등을 자세히 취재한다. 그들은 취재에서 영감을 얻거나 상상력을 발휘해 소설을 써간다. 하늘에서 멋진 표현이 뚝 떨어진 듯 범접 못 할 재능을 지닌 사람도 간혹 있지만, 대개는 소설가도 글감을 모아서 쓴다.

글감이 풍부하면 뚝딱 쓸 수 있다

나도 글감이 없으면 글을 쓰지 못한다. 솔직히 말하면 아예 쓸 생각을 하지 않는다. 글로 먹고사는 사람이니 뭐든 쓸 수 있을 거라 생각하기 쉬운데, 절대 그렇지 않다. 의뢰가 들어오면 글감부터 찾는다.

그런데 일상적인 업무용 글을 쓰기 위해 취재를 하라고 하면 지나친 거 아니냐고 생각할지 모른다. 하지만 기자회견장에 가거나 정부 요인에게 이야기를 듣거나 사건 현장에 잠복하는 일만이 취재는 아니다. 글감은 생각보다 가까이에 있으며, 그것을 발견하고 선별하는 것이 취재다.

그 글감을 어떻게 자기 것으로 만들 것인가, 여기에 글 쓰는 속도가 달려 있다.

예를 들면, 초등학교 수업이나 학예회에 참관한 후 학부모가 감상문을 써서 제출해야 할 때가 있다. 이 감상문 때문에 골머리를 앓는 사람이 적지 않다. 아버지 모임에 가면 "이걸 어떻게 쓰는 건가요?" 하며 난감해하는 사람을 자주 본다. 아이 담임에게 제출할 글이니 대충대충 쓸 수도 없다. 도대체 어떻게 써야 할지 고민하는 새에 황금 같은 휴일이 훌쩍 지나버리기도 한다.

그렇다면 나는 참관 당시 무엇을 했을까? 감상문을 써야 한다는 사실을 알고 있었기에 당일 학교 이곳저곳을 관찰하며 글감을 모았다.

- 학교 분위기는 나의 초등학생 시절과 비교하여 어떻게 다른가.
- 어떤 점에 놀랐나.
- 마음에 든 전시물은 어떤 것이었나.
- 아이는 어떤 발표를 했나.
- 칠판에는 무엇이 적혀 있었나.
- 벽에 붙은 서예 작품에는 어떤 글씨가 적혀 있나.
- 교실 냄새는 어땠나.
- 나는 그런 것들을 어떤 식으로 파악했나.
- 어떤 생각이 들었나.

이 모든 것을 스마트폰에 메모해뒀다. 단순히 메모일 뿐이니 부담이 전혀 없다. 다음은 그 메모를 바탕으로 쓰기만 하면 된다. 그런데 집에 돌아오고 나서야 인상 깊었던 것들을 떠올리려고 한다면 힘이 들고 시간도 많이 걸린다.

나처럼 글감을 쌓아놓으면 '무엇을 써야 하나' 하는 고민을 할 일이 없다. 내가 특별해서가 아니다. 글을 빨리 쓰는 사람은 보통 이런 식이다. 글감을 찾는 것의 중요성을 알고 있다.

글을 쓸 일이 정해지면, 그 순간부터 항상 안테나를 세우고 계속해서 글감을 모은다. 그러면 쓰기 전에 쓸 내용이 전부 갖춰지므로 힘들이지 않고, 게다가 빨리 쓸 수 있다.

글이 절로 써지는 습관: 기초

- · 읽는 사람이 요구하는 것은 필요한 정보다.
- · 멋진 글을 흉내 내지 않는다.
- · 관용구는 되도록 사용하지 않는다.
- · 기승전결이나 문법에 집착하지 않는다.
- · 글 쓸 일이 정해지면 글감부터 재빨리 모은다.

글감만 있으면
글쓰기는
끝

글감의 3요소:
독자적 사실, 에피소드, 숫자

지금부터는 빨리 쓰기 위해 내가 터득한 글감 글쓰기법을 소개하겠다. 먼저 글감이란 무엇인지 다시 정의하겠다.

어떻게 쓰느냐보다 무엇을 쓰느냐를 중시한다

친구나 친지의 결혼식에서 축사를 많이 들어봤을 것이다. 가슴을 먹먹하게 하는 감동적인 말은 결코 청산유수처럼 유창한 말이 아니다. 지금도 내 기억에는 어느 신부의 숙부가 했던 축사가 또렷하게 남아 있다.

어릴 적부터 귀여워했던 조카가 결혼하게 되자, 그는 돌아가신 신부 아버지를 대신해 단상에 올랐다. 긴장감이 역력한 표정이었다. 그는 처음에는 횡설수설했다. 원고는 준비했지만, 단상에 서니 머리가 하얘진 모양이었다. 하지만 다시 마음을 가다듬고 신부와의 추억과 신부 아버지가 딸을 얼마나 사랑했는지를 이야기해나갔다. 애써 감정을 추스르며 내놓는 한마디 한마디가 어찌나 감동적이었던지, 식장 여기저기서 훌쩍이는 소리가 들려왔다.

나를 포함해서 하객들은 절대 그 숙부가 유창하게 말을 잘해서 감동한 게 아니다. 누구도 대신할 수 없는 진솔한 이야기가 마음에 와닿은 것이다. 어디서나 들을 법한, 좋은 말만 골라놓은 축사였다면 하객들도 그냥 흘려듣고 말았을 것이다.

글도 마찬가지다. '어떻게 쓰느냐'보다 '무엇을 쓰느냐'가 훨씬 중요하다. 중요한 것은 표현이 아니라 내용이다. 그리고 바로 그 내용이 글감이다.

그렇다면 글감에는 어떤 것이 있을까? 세 가지다.

• 독자적 사실
• 에피소드
• 숫자

즉, 읽는 사람에게 전하고 싶은 내용 자체다.

글감이 있으면 400자는 10분 만에 쓸 수 있다

나는 《왜 싸지도 않은데 다들 세이조이시이만 찾을까》라
는 책을 쓴 적이 있다. 당시 세이조이시이(일본의 식품 전문 슈
퍼마켓 체인) 관계자에게 들은 이야기를 바탕으로 쓴 글이 있
는데, 일부를 소개한다.

세이조이시이의 1,500엔짜리 와인은 왜 맛있을까
유럽에서 선적한 와인은 일본에 들어오기까지 2개월이 걸리는데,
겨울에도 30℃ 가까운 적도 지역을 통과하게 된다. 보통의 컨테
이너로 운송하면 내부는 말할 수 없이 뜨거워진다. 예전에는 그런
상태로 와인이 운송됐고, 그래서 와인 맛이 변할 수밖에 없었다.
이 문제를 해결해야 했던 세이조이시이는 '리퍼'라 불리는 냉장
컨테이너로 직수입하기로 했다. 벌써 30년 전의 일이다.
또 일본에 들여온 후에도 직접 제작한 냉장창고에 와인을 보관한
다. 24시간 온도와 습도를 관리하고 냉기가 구석구석 미쳐 자연
체류되는 구조도 도입했다. 이렇게까지 하기에 세이조이시이의
1,500엔짜리 와인도 맛있는 것이다.

이 400자 정도의 글을 쓰는 데 걸린 시간은 10분 정도다.
나는 이 글을 쓰기 전에 다음의 글감을 준비했다.

- 유럽에서 선적한 와인은 일본까지 운송하는 데 2개월이 걸린다.
- 겨울에도 30℃ 가까운 적도 지역을 통과한다.
- 예전에는 그런 상태로 와인을 운송했다.
- 세이조이시이는 리퍼라 불리는 냉장 컨테이너로 직수입 하는 시스템을 채택했다. 30년 전의 일이다.
- 일본에 들여온 와인은 적정 온도와 습도가 철저히 관리 되는 창고에 보관한다.
- 24시간 온도와 습도를 관리하고 냉기가 구석구석 미쳐 자연 체류되는 구조를 도입했다.

보시다시피 모든 것이 독자적 사실, 에피소드, 숫자다. 이 글감만 나열해 한 편의 글을 완성한 것이다.

글은
글감이 90퍼센트다

'글감에만 관심을 가져도 쉽게 쓸 수 있다.' 이것이 이 책에서 내가 가장 전하고 싶은 메시지다.

지금부터 몇 편의 글을 소개하겠다. '글감만으로도 글은 완성된다'라는 점을 실감할 수 있기 바란다.

신문기사는 90퍼센트 이상이 글감으로 이뤄졌다

앞에서 신문기자도 충분한 글감 없이는 글을 쓸 수 없다고 했다.

실제 기사를 살펴보자.

토요타, 스즈키와 협업 1,800만 대 연합 포괄적 제휴

토요타자동차가 다른 업종과의 경쟁을 염두에 두고 거대 연합 구축에 나섰다. 6일 스즈키와 환경기술 등에서 포괄적 제휴를 맺는

다고 공식 발표했다. 토요타는 2014년 자동차 연간 판매 대수가 1,000만 대를 웃돌고 연료전지차(FCV) 등 신기술의 실용화로 선두를 달리고 있다. 단 IT(정보기술) 기업 등 다른 업종의 참여로 경쟁 환경이 급변하자, 최후의 승자를 목표로 1,800만 대 연합에 돌입했다.

<〈니혼게이자이〉 2017년 2월 7일 조간 1면에서>

이 글은 맨 앞에 배치돼 기사 내용을 요약해주는 리드문으로, 전부 4개의 문장으로 이뤄져 있다.

- 토요타자동차가 다른 업종과의 경쟁을 염두에 두고 거대 연합 구축에 나섰다.
- 6일 스즈키와 환경기술 등에서 포괄적 업무제휴를 맺는다고 공식 발표했다.
- 토요타는 2014년 자동차 연간 판매 대수가 1,000만 대를 웃돌고 연료전지차 등 신기술의 실용화로 선두를 달리고 있다.
- 단 IT 기업 등 다른 업종의 참여로 경쟁 환경이 급변하자, 1,800만 대 연합으로 최후의 승자를 목표로 한다.

글감이란 독자적 사실, 에피소드, 숫자라고 한 말을 기억

하자. 보다시피 '다른 업종과의 경쟁을 염두에 두다', '선두를 달리고 있다', '경쟁 환경이 급변했다' 빼고는 모두 글감이다.

이제 리드문에 이어 기사 본문을 살펴보자.

"스즈키라는 도전정신이 넘치는 회사와 함께 일할 기회를 얻게 되어 감사하다." 토요타의 토요타 아키오 사장은 6일 스즈키와 MOU를 체결하면서 이렇게 말했다. 양사는 2016년 가을부터 협력을 위한 논의를 본격화하며 안전기술과 IT, 상품·부품 보완 등에서 제휴를 체결했다. 토요타는 2000년대 후반 영업 부진인 미국 제너럴 모터스(GM)의 보유주식을 인수하는 형태로 후지중공업, 이스즈자동차와 각각 자본 제휴를 했다. 한편 2011년 이후는 독일 BMW사와 잇달아 협업했다. 자본 관계가 없는 온화한 '동지 맺기'다.

"구글이나 애플 같은 새로운 경쟁자가 등장한 만큼 기술을 넘어 공감할 동지가 필요하다." 2016년 11월 토요타 사장은 사내 회의에서 이렇게 강조했다. 인터넷에 상시 접촉할 수 있는 커넥티드 카가 보급되고 차량 공유가 확산되면서 위기감이 커졌다.

토요타는 2017년 1사분기에 과거 최고인 1조 700억 엔을 연구개발에 쏟아부었다. 일본 기업으로서는 최고 수준이지만 독일 폭스바겐은 연 1조 5,000억 엔 이상, 우버테크놀로지는 미상장임에도 9,000억 엔 이상을 조달하여 자동 운전 등에 중점 투자하고 있다. 토요타도 단독으로는 모든 분야를 아우르기 어려워졌다.

어떤가. 본문에서는 '강조했다', '토요타도 단독으로는 모든 분야를 아우르기 어려워졌다' 이외에는 모두 글감임을 알 수 있다. 토요타 아키오 사장의 말을 인용한 부분 역시 '독자적 사실'이며, 기사를 쓴 사람이 만들어낸 말이 아니라 글감 중 하나다.

글감만으로 기획서를 쓸 수 있다

다음은 기획서를 살펴보자. 내가《마감 업무 기술》이라는 책을 집필하던 당시 편집자 히구치 히로토가 맨 처음 제안했던 기획서 내용이다.

한 달에 평균 한 권의 책을 집필하는 저술가 우에사카 도루가 알려주는 '마감'을 지키는 시간관리법. 원고 집필뿐만 아니라 일반 회사 업무 중 기한까지 일을 해내는 노하우를 전수한다. 우에사카 자신의 경험에서 우러난 노하우를 바탕으로, 지금까지 취재했던 사람들의 이야기를 함께 엮어 설득력 있는 실용서를 만든다. '마감을 지킴으로써 얻을 수 있는 것은 무엇인가?'라는 본질에 다가가 보다 나은 인생을 보낼 수 있는 자기계발서다.

나는 이 기획서를 보자마자 기획의 취지와 편집자의 의도를 알아챘다. 읽는 사람에게 메시지가 전달된 것이다. 이 문장 역시 접속사 이외에는 모두 글감으로 이뤄졌다.

• 저자는 월평균 한 권의 책을 집필하는 저술가 우에사카 도루다.
• 기획 취지는 '마감을 지키는 시간 관리법'이다.
• 글 쓰는 일을 하는 사람에게 도움이 될 노하우를 전수한다.
• 내용은 우에사카 자신의 경험에서 우러난 노하우를 바탕으로 한다.
• 우에사카가 취재했던 사람들의 이야기도 함께 엮어 설득력 있는 실용서로 만든다.
• '마감을 지킴으로써 얻을 수 있는 것은 무엇인가?'라는 본질에 다가가, 보다 나은 인생을 보낼 수 있는 자기계발서다.

기획서도 글감으로 완성된다. 특히 기획서는 쓰는 사람의 생각이 강하면 강할수록 내용을 많이 담게 되는 경향이 있다. 설명을 지나치게 한 나머지 장황해지기도 한다. 그러나 기획서를 읽는 사람이 알고 싶어 하는 것은 '어떤 과제를 어떻게 해결할 것인가?' 하는 점이다. 그것을 보강할 최소한의 글감만 있으면 기획서를 쓸 수 있다.

글을 쓰는 것은 요리를 하는 것과 같다. 아마추어도 좋은 식재료만 손에 넣으면 꽤 근사한 요리를 만들어낸다. 어려운 조리법 없이 생으로 무치거나 살짝만 볶아도 짧은 시간에 맛있는 요리를 할 수 있다. 관건은 재료다.

바쁜 직장인은 필요 이상으로 문장의 질을 추구하기보다 좋은 글감을 잘 활용하는 것이 좋다. 그러면 빨리 쉽게 쓸 수 있다.

유창한 글솜씨는
필요 없다

내가 "글은 글감을 바탕으로 쓰기만 하면 됩니다"라고 말하면 이렇게 반론하는 사람이 있다.

"문장을 그렇게 무미건조하게 써도 될까요?"
"더 매끄럽게 다듬어야 잘 읽히지 않을까요?"
"재미없으면 어떡하죠?"

쉽게 말하면 글은 잘 써야 하는 것 아니냐는 얘기다. 하지만 이렇게 생각하기 때문에 글을 쓰는 데 시간이 걸리는 것이다.

결론부터 말하면 글을 잘 쓸 필요는 없다. 직장인이 목표로 해야 하는 글은 알기 쉽고 읽는 사람에게 도움이 되는 글이다.

매력적인 글감은 꾸밀 필요가 없다

내가 카피라이터로서 처음 맡은 일은 구인광고였다. 신입 시절에 누구나 범하기 쉬운 구인 카피의 대표적인 예문이 있다.

"당사는 아주 좋은 회사입니다."

카피라이터가 됐을 때 상사에게 가장 먼저 들었던 말이 '알 듯 말 듯한 말을 사용하지 말라'였다. '좋은 회사'가 그 전형적인 예다. 아무리 좋은 회사라 한들 그것만으로 사람을 움직일 순 없다. 아무것도 전달되지 않기 때문이다.

그렇다면 무엇을 말해야 할까?

- 5년간 단 한 명의 직원도 그만두지 않은 회사
- 해마다 모든 직원이 유급휴가를 사용하는 회사
- 사장이 연말에 금일봉을 주는 회사

독자는 그런 구체적인 사실을 알고 싶어 한다. '좋은 회사'는 그런 매력적인 글감을 뭉뚱그린 표현이다. 글감을 꾸미려고 하기에 추상적인 표현이 되고 만 것이다. 추상적인 표현은 읽는 이에게 전달되기 어렵다. 그런 글을 쓰게 되는 이유는 글쓰기가 두렵기 때문이다. 알 듯 말 듯 표현해놓고 남들이 알아주기를 바라게 된다.

글감은 꾸미려 하지 말고 있는 그대로 쓰는 것이 좋다. 그럴 때 메시지가 더 분명한 글이 된다.

긴 글을 빨리 쓰는 방법

글은 글감으로 이뤄져 있다. 글감만 나열해도 글을 쓸 수 있다. 내가 이런 이야기를 하면 다음과 같은 반응이 돌아온다.

"200자 정도의 짧은 글은 어떻게 해보겠지만, 1,000자나 3,000자 같은 긴 글은 글감만으로 힘들지 않을까요?"

나도 신입 카피라이터 시절에는 300자조차 부담스러웠다. 새하얀 워드 화면을 앞에 두고 한숨만 쉬었다. 하지만 긴 글도 다를 바 없다. 짧은 글과 긴 글에 차이가 있다면 단한 가지, 글감의 양뿐이다.

글감이 적으면 짧은 글이 된다. 적은 글감으로 긴 글을 쓰면 알맹이 없이 중언부언하게 된다. 하지만 글감이 많으면 수천 자의 원고도 전혀 힘들지 않다. 앞에서 말했듯이, 메신저 프로그램을 빨리 보낼 수 있고 상대와 커뮤니케이션하는 데 문제가 없는 사람이라면 글감만 충분히 모아도 짧든 길든 문장을 빨리 쓸 수 있다.

글감만으로도 글은 완성된다

한 가지 예를 소개하겠다. 내가 2015년에 쓴 '도토루만 찾게 되는 이유'에서 발췌한 내용이다. 앞의 신문기사나 기획서보다 긴 1,300자 정도의 글이다. 이 글을 쓰는 데는 30분 정도가 걸렸다.

커피 체인점 도토루의 커피는 왜 맛있을까? 나는 당시 생산 현장의 최고 책임자인 칸노 마사히로를 취재했다.

로스팅에 관해 창업자가 집착한 것이 하나 더 있다. <u>도토루는 커피 원두를 신선식품으로 여겨 선도를 중시하며, 창고나 공장에 보내는 양까지 엄격하게 조절한다.</u> 로스팅 후의 원두에 대해서도 마찬가지다. 아니, 원두 이상으로 깐깐하게 선도를 관리한다고 해도 과언이 아니다.

"도토루는 기본적으로 매장에서 주문을 받은 만큼만 원두를 로스팅합니다. 공장에서는 매일 생원두를 저장창고에서 꺼내 로스팅한 후 포장하여 출하하는 방식이죠."

많은 매장이 폐점 전에 커피 원두를 발주한다. 공장에서는 다음 날 아침 9시에 주문을 마감하여 주문이 들어온 만큼만 로스팅하며, 이를 '프레시 로테이션'이라고 한다. 따라서 매장은 기본적으로 오래된 원두의 재고를 갖고 있지 않다.

예를 들어, 매장이 월요일에 발주하면 공장은 화요일에 데이터를 모아 아침부터 로스팅하여 저녁에 출하한다. 그러나 아직 매장으로 배송되지는 않는다. 로스팅한 원두는 일단 전국 각지의 창고로 들어간다. 사실 여기에도 이유가 있다.

"갓 로스팅한 상태에서는 커피 추출이 안정적이지 않아요. 가스를 함유하고 있기 때문이죠. 가스와 뜨거운 물이 부딪치면 커피에 뜨거운 물이 스며들지 않습니다. 가스가 가장 많이 발생하는 때가 로스팅 후 2~3일째입니다. 로스팅 후 7~10일까지가 가장 마시기 좋아요. 매장에는 이 타이밍에 맞춰 배송하고 있습니다."

매장에서 매일 주문받아 생산하고 맛있는 타이밍에 배송한다. 이런 식으로 하는 회사는 아마 없지 않을까. 원두는 로스팅하고 시간이 어느 정도 지난 후가 더 맛있으니 많이 로스팅해두면 품절될 일도 없을 것이다. 하지만 그렇게 하지는 않는다. 원두는 로스팅 직후부터 차츰 산화하기 때문이다.

"커피에는 15퍼센트 전후의 유지방이 있습니다. 동백유나 채종유 등도 그렇듯이 기름은 공기와 접촉하면 산화 현상이 일어납니다."

산화하면 어떻게 될까? 당연히 맛이 떨어진다. 이것은 커피 음료도 마찬가지다.

"커피를 마시면 속이 쓰려서 몸에 나쁘다고 하던 시대가 있었습니다. 아마 오래된 커피, 산화한 커피를 마셨기 때문이 아닐까요? 사실 저도 영업을 할 때 속이 쓰렸던 적이 있어요. 최고의 영업사원이 되려고 정말 열심히 했거든요."

영업 과정에서 여러 매장을 돌며 커피를 많이 마신 탓이다. 산화한 커피는 속을 쓰리게 한다. 커피를 마시고 속이 쓰리다는 사람은 산화한 원두를 사용한 커피를 마셨을 가능성이 있다.

"하지만 공장에 와서는 속쓰림을 느낀 적이 한 번도 없어요. 하루에 2~3리터씩이나 마시는데 말이죠. 그 이유는 바로, 산화하지 않은 신선한 커피만 마시기 때문이죠."

도토루 카페에서는 로스팅한 지 2~3일이 지난, 가스는 빠지고 산화는 진행되지 않아 마시기에 딱 좋은 커피를 배송받아 그 원두를 바로 사용한다. 매일 주문할 수 있으니 재고를 쌓아 둘 필요도 없다. (후략)

밑줄 그은 글자 부분이 글감이다. 읽으면 알겠지만, 이 글도 대부분 글감만으로 이뤄져 있다. 나는 이해하기 쉽게 정리하고 해설하며 글감을 강조했을 뿐이다.

글감이 충분하면 불필요한 내용을 쓸 필요가 없으며, 긴 문장도 주저하지 않고 빨리 쓸 수 있다.

글이 절로 써지는 습관: 글감

· 어떻게 쓸지 생각하지 않는다.

· 무엇을 쓸지에 집중한다.

· 독자적 사실, 에피소드, 숫자를 모은다.

· 글감을 멋지게 꾸미려고 하지 않는다.

· 긴 문장을 쓸 때는 그만큼 글감을 많이 모은다.

바른 글감을
모으는
두 가지 원칙

쓰는 이유를
명확히 한다

글감을 활용하여 빨리 쓰는 글감 글쓰기, 지금부터 그 구체적인 방법을 소개한다.

글감 글쓰기는 크게 다섯 단계로 진행한다.

① 쓰는 목적과 독자를 정한다.

② 글감을 모은다.

③ 글감을 구성한다.

④ 단번에 써 내려간다.

⑤ 점검한다.

먼저 글감을 바르게 모으는 사고방식을 이해해야 한다. 필요한 글감을 모으려면 두 가지 규칙이 필요하다.

바른 글감을 모으기 위한 첫 번째 규칙은 글의 목적을 명확히 하는 것이다. 즉, 무엇을 위해 쓰는지 명확히 하는 것을 말한다.

그 글로 어떤 느낌을 주고 싶은가

"지금부터 당신이 쓰려는 글은 어떤 글입니까?"
이 질문은 목적이 무엇인지를 알아보기 위한 것이다.

- 사보에 실을 수필, 상사가 지시한 출장 보고서
- 고객 대상의 신상품 홍보물 또는 메일
- 회의록, 자사 홍보 블로그나 웹 기사
- 간단한 메모나 일기

이처럼 쓰기 전에 이미 알고 있는 글의 목적을 '표면상 목적'이라고 하자. 표면상 목적이 없으면 애초에 글을 쓸 상황은 오지 않는다.

그런데 바르고 빠르게 글감을 모으려면 표면상 목적을 아는 것만으로는 부족하다. 무엇이 글감이 될 수 있는지 모르기 때문이다. 표면상 목적만으로는 글감을 모으는 판단의 축이 확실치 않다. 따라서 어떤 것이 정말 필요한 글감인지 아닌지 판단하기 어렵다.

그렇다면 어떻게 해야 할까?

표면상 목적에서 진짜 목적까지 파고들어야 한다. 예를 들면, 다음 그림과 같다. 날마다 보내는 메일도 안부인지,

제안인지, 사과인지에 따라 내용이 달라진다. 즉, 그 글을 읽는 사람이 어떤 느낌을 받을지까지 정해야 비로소 바른 글감을 모을 수 있다.

이것이 글의 느낌을 결정한다고 봐도 좋다. 몇 가지 예로 표면상 목적에서 진짜 목적까지 파고들어 보자.

글쓰기를 의뢰받았을 때는 반드시 진짜 목적을 확인한다

진짜 목적까지 파고드는 작업은 혼자서도 할 수 있지만, 누군가에게 물어봐야 알 수 있는 경우도 많다. 예를 들어, 홍보실 직원에게 사보에 실을 글을 의뢰받았다면 담당자에게 어떤 목적이며 어떤 내용을 쓰면 되는지 물어본다.

나처럼 구인광고 카피를 써야 한다면, 클라이언트 기업에 진짜 어떤 인재를 찾는지 물어봐야 한다. 출장 보고서도 회의록도 마찬가지다. 상사의 지시라면 상사에게 진짜 목적까지 묻는다. 특히 업무용 글은 누군가의 의뢰나 필요에 따라 쓰는 경우가 많은데, 진짜 목적을 꼭 확인해야 한다.

글감을 모으러 나서기 전에 진짜 목적을 확인하는 습관을 갖자. 진짜 목적이 보이면 그 목적에 적합한 글감을 찾아내는 안테나가 저절로 세워진다. 어떤 글감을 모을지 고민할 필요가 없으므로 글감을 빨리 모을 수 있다.

홍보실에서 의뢰받은 글의 표면상 목적은 자기소개이고, 진짜 목적은 직장에서 볼 수 없었던 사적인 모습을 직원들에게 소개하는 것이라고 하자. 이때 글감은 '회사 사람들은 알지 못하는 자신만의 취미', '비밀스럽게 개척한 회사 주변 맛집', '4대째 이어가는 고향의 떡집 본가' 등이 될 수 있다.

하지만 자기소개라는 표면상 목적만 파악했다면 어떻게

될까? 과거 실적이나 일에 임하는 각오처럼, 초점에서 벗어난 글을 쓰게 된다.

쓰는 것 자체를 목적으로 하지 않는다

절대 목적을 정하지 않은 채 글을 써서는 안 된다. 목적을 정하지 않으면 글을 쓰는 행위 자체가 목적이 되어버린다. 그러면 기법이나 표현에 집착하게 돼 글쓰기에 많은 시간이 걸린다.

거듭 말하지만, 업무용 글은 어디까지나 커뮤니케이션 도구이지 솜씨를 자랑하는 장이 아니다. 도구가 목적이 될 수는 없다.

먼저, 글은 잘 써야 한다는 의식을 버리자. 정말 중요한 것은 진짜 목적을 달성하는 것, 그리고 그를 위한 글감을 모으는 것이다.

모든 글에는
반드시 읽어주길 바라는 사람이 있다

바른 글감을 모으기 위한 두 번째 규칙은 사람을 떠올리는 것이다. 즉, 독자를 정하는 것이다.

신입 카피라이터 시절, '잘 쓴 글'이라는 주문에 얽매여 있던 나는 어느 날 문득 이런 의문이 들었다.

'그런데 이 글을 읽는 사람은 누구일까?'

당시 구인광고를 맡고 있었으므로, 읽는 사람은 일반 구직자로서 지원하려는 회사에 관한 정보를 알고 싶어 할 것이다. 그렇다면 굳이 수려한 글이 필요할까? 읽는 사람이 제대로 이해만 한다면 그것으로 충분하지 않을까?

그래서 나는 알기 쉽게 술술 읽히는 글을 목표로 했다. 수려한 글보다는 알기 쉬운 글을 필요로 한다는 사실을 깨닫자, 어깨의 힘을 빼고 글을 쓸 수 있었다.

그때부터는 글을 쓸 때마다 잘 쓴 글보다는 독자에게 도

움이 되는 글, 알기 쉽게 잘 전달되는 글에 중점을 두게 됐
다. 그러자 내가 쓴 광고 카피가 알기 쉽고 회사의 매력을
잘 전달하며, 주제와 핵심이 명확하다는 평가를 받게 됐다.
내가 광고 일을 하다가 다른 일까지 폭을 넓힐 수 있었던 것
도 이런 평가 덕이라 생각한다.

암흑 속에서 프레젠테이션이 가능할까?

젊은 저술가들을 대상으로 한 강연에서 자주 하는 말이
있다.

"읽는 사람을 떠올리지 않고 글을 쓰는 것은 암흑 속에서
프레젠테이션을 하는 것과 같습니다."

암흑이기 때문에 앞에 누가 있는지 전혀 모르는 것이다.
어르신들일 수도 있고, 초등학생들일 수도 있는 청중이 가
득 앉아 있다. 그런 공간을 향해 무언가 이야기해야만 하는
상황을 상상해보자. 너무나 암담할 것이다.
잠시 후 강연장이 밝아졌다. 어떤 사람이 있는지 눈에 들
어온다. 만일 그곳에 젊은 여성이 많다면 안심하고 젊은 여

성을 대상으로 이야기할 수 있다.

나는 강연을 의뢰받을 때면 사전에 참석자 정보를 최대한 달라고 이야기한다. 그러면 초점에서 벗어난 소재를 미리 거를 수 있다.

글을 쓸 때도 마찬가지다. 어떤 사람이 읽는지, 누가 읽어주기 바라는지에 따라 글감이 달라야 한다. 읽는 사람을 설정하지 않은 채 글을 써서는 안 된다.

그 글을 읽는 사람은 담당자인가, 상사인가, 사장인가?

클라이언트에게 제출할 기획서를 쓴다고 하자.

늘 통화하며 일에 대해 이야기를 주고받는 거래처 담당자에게 제출하는 거라면 프로젝트 내용을 상세하게 쓰지 않아도 된다. 그런데 딱 한 번 인사를 나눈 거래처 담당자의 상사에게 제출할 기획서라면 어떨까?

기획서에는 프로젝트 내용을 간결하면서도 정중하게 나타낼 필요가 있고, 상대에게 이점을 제시하거나 계절 인사를 넣을 필요도 있다. 때에 따라서는 그 상사의 사고 특성이나 취향, 기획, 결재할 때의 판단 기준을 미리 파악하여 그 기준을 반영해 작성한다.

이번엔, 한 번도 만난 적이 없는 사장에게 제출할 기획서라면? 담당자나 그의 상사에게 제출했던 것과 같은 기획서를 제출해도 될까? 절대 그렇지 않다는 것을 누구나 직감적으로 알 것이다.

이처럼 같은 제안서라도 읽는 사람이 누구냐에 따라 필요한 글감이 달라진다. 따라서 글감을 모으기 전에 읽을 사람을 명확히 해둬야 한다.

독자가 정해지지 않았을 때는
어떻게 할까?

읽는 사람을 떠올리라고 하면 종종 이런 질문이 나온다.

"그럼 불특정 다수가 독자가 될 경우에는 어떻게 하나
요?"

앞에서 예로 든 기획서처럼 읽는 사람을 특정할 수 있는
글만 있는 것은 아니다. 사보에 실을 글이나 상품 홍보물,
블로그 등과 같이 불특정 다수의 사람이 읽는 글을 써야 할
때도 있다.

그럴 때는 어떻게 해야 할까?

지인 중 한 사람을 대상으로 쓴다

그럴 때 나는 독자를 임의로 특정한다. 결과적으로는 다

양한 사람이 읽겠지만, 글을 쓸 때는 독자를 특정하여 독자 범위를 가능한 한 좁힌다.

구체적으로 얘기하자면, 먼저 연령이나 속성으로 특정 층을 떠올린다.

· 대기업에 근무하는 30대 남성
· 입사 3년 차 회사원
· 주택담보대출을 안고 있는 40대 가장

이런 식으로 범위를 좁히기도 하고, 독자의 고민에 한 걸음 다가가 보기도 한다.

· 이직을 고민하지만 섣불리 결단을 내리지 못하는 20대
· 팀장이 됐지만 남 앞에서 말을 잘하지 못해 고민인 30대

이를 마케팅 분야에서는 페르소나(persona, '가면'에서 유래한 말로, 연극 등에서의 등장인물 또는 가면을 쓴 인격을 말한다-옮긴이) 기법이라고 이야기하는데, 쉽게 말해 가상의 고객을 설정하는 방법이다.

이렇게 특정 층으로 좁혀도 여전히 폭이 넓다고 생각될 것이다. 또 페르소나를 설정하는 작업도 성가신 면이 있다.

그래서 나는 과감하게 지인 중에 독자가 될 만한 사람을 한 사람 정한다. 그 사람의 얼굴을 떠올리면 필요한 글감을 쉽게 떠올릴 수 있기 때문에 글감을 빨리 모으고 글도 빨리 쓸 수 있다.

그 사람이 기뻐할 글감을 찾는다

한 가지 예를 소개하겠다.

10년도 훨씬 전에 취업 정보 주간지에 연재 인터뷰를 담당한 적이 있다. 경영자, 연예인, 스포츠 선수 등 매주 다양한 업계의 저명 인사를 취재하는 기획이었다.

이 연재는 높은 지지를 얻으며 6년간 이어졌는데 취업 정보지 연재로는 이례적으로 길었다. 그 인터뷰는 《프로론》이라는 제목으로 출간되어 시리즈를 모두 합하면 40만 부가 넘는 베스트셀러가 됐다.

이 기획을 앞에서 소개한 두 가지 규칙에 대입해보자.

먼저, 《프로론》 연재의 목적은 저명 인사를 통해 좋아하는 일을 하는 방법에 대한 힌트와 취업에 관한 정보를 얻는 것이다. 독자는 확실히 정해지지 않았다. 물론 이 주간지 독자가 그대로 독자가 되겠지만 어떤 사람이 읽을지는 특정할 수 없었다.

　그래서 나는 '그 사람이 읽어줬으면 좋겠다'라고 생각하며 독자를 달리 상정했다. 예를 들어 닛산자동차 회장 카를로스 곤과 유명 예능인 쇼후쿠테이 쓰루베의 인터뷰가 있다면, 흥미를 갖는 독자가 다를 것이다. 나는 친구들의 얼굴을 떠올리며 '그 친구는 분명 곤 회장에게 관심이 많을 거야', '그 친구는 쓰루베를 좋아하겠지'라고 생각했다. 실제로 곤의 기사는 은행원인 친구, 쓰루베의 기사는 유머 감각이 뛰어난 옛 밴드 친구를 떠올리며 썼다.

　구체적인 얼굴을 떠올릴 수 있으니 어떤 글감을 고를지가 바로 잡혔다.

- 저 사람에게 이 이야기를 들려주고 싶다.
- 그 사람이라면 이런 정보를 좋아할 거야.

　이런 식으로 특정 인물을 떠올리며 글감을 고른 뒤 나의 메시지가 분명히 전달되리라는 확신을 가지고 원고를 써 내려갔더니 글감이 초점에서 벗어나지 않았다.

모두를 대상으로 한 글은 아무에게도 전달되지 않는다

여기까지 읽고 이런 의문을 갖는 분도 있을 것이다.

'독자를 한 사람으로 특정해버리면 그 사람 외에는 안 읽는 것 아닐까?'
'단 한 사람을 대상으로 쓴 글이 많은 사람에게 전달될까?'

또 이런 의문도 솟을 것이다.

'꼭 그렇게까지 독자를 특정해야 할까?'
'군이 한 사람을 특정할 필요 없이 처음부터 누구에게나 전달되도록 쓰면 되지 않을까?'

그러나 독자를 한 사람으로 특정했던 나의 기사는 실제로 많은 사람이 읽었다. 특정 독자를 대상으로 한 메시지이지만 그 주변의 독자에게도 다가갈 수 있었다.

나는 한 사람을 대상으로 쓰면 반드시 많은 사람에게 전달된다는 말을 하려는 게 아니다. 하지만 처음부터 '모두'에게 가닿는 글을 쓰려고 하면 결과적으로 아무에게도 전달되지 않을 가능성이 크다.

거기에는 이유가 있다. 예를 들어, 30~40대 남성이 공감할 글을 쓰게 됐다고 하자. 당신은 30~40대 남성의 평균적인 취향이나 속성을 조사하고 글감을 모아 그 연령대의 남성 모두가 읽을 만한 글을 쓰려고 한다. 하지만 그 글은 공감을 얻지 못할 가능성이 크다. 왜냐하면 '평균적인 30~40대 남성'이란 존재하지 않기 때문이다.

당신의 글을 읽는 사람은 어디까지나 개성을 지닌 한 사람의 개인이다. 앞의 제안서처럼 읽을 사람을 미리 알면 어떤 글감을 준비할지, 어디에 중점을 둘지 확실하게 눈에 들어온다. 그런데 모두를 대상으로 하는 글을 쓰려고 하면, 앞에서 예로 든 암흑 속의 강연 같은 상태가 된다. 읽는 사람이 구체적으로 떠오르지 않기 때문에 어떤 글감을 택해야 할지 확신이 서지 않는다. 그런 상태에서 글을 쓰면 무슨 말을 해야 할지 몰라 주저하게 된다. 결과적으로 아무에게도 전달되지 않는 글이 되고 만다.

목적과 독자가 바뀌면
글감도 180도 바뀐다

지금까지의 내용을 정리해보자.

글감을 바르고 빠르게 모으는 데에는 다음의 두 가지 규칙이 있다.

① 글을 쓰는 표면상 목적을 파고들어, 그 글을 읽는 사람에게 어떤 느낌을 주고 싶은지 진짜 목적을 정한다.

② 구체적인 독자를 설정한다. 도저히 독자를 구체화할 수 없을 때는 가까운 친구나 지인 중 한 사람을 골라 독자로 설정한다.

이 두 가지 작업을 통해 목적과 독자가 명확해지면 모아야 할 글감이 무엇인지 단번에 알 수 있다. 단, 두 규칙 중 어느 한쪽만 중시해서는 안 된다. 양쪽을 구체적으로 정하는 것이 핵심이다.

이렇게 설정한 목적과 독자는 항상 염두에 둬야 한다. 글감을 모으거나 실제로 글을 쓸 때, 어느 순간 잊어버릴 수 있으니 주의한다. 수집한 글감을 메모해둔 스마트폰 메모장이나 실제로 글을 쓰는 지면의 상단 등에 목적과 독자를 눈에 잘 띄게 표기해두는 게 좋다.

- 목적: ○ ○
- 독자: ● ●

지금부터는 구체적인 상황을 통해 목적과 독자에 따라 글감이 어떻게 달라지는지 알아보자.

예를 들어 '교통안전'이라는 주제로 글을 쓰게 됐다고 하자. 당신은 무엇을 쓸 것인가.

- 안전을 위해 어떤 교통 규칙이 필요한가.
- 비참한 교통사고가 피해자의 삶을 어떻게 바꿔놓는가.
- 데이터를 통해 본 교통사고 추이 변화.
- 최신 자동차는 어떤 안전 대책을 갖추고 있는가.

이런 것들을 생각할 수 있다. 무엇을 써야 할지 주저하는 사이 상당한 시간이 흐른다. 주제가 너무 막연하여 누가 무엇을 위해 읽을지가 잘 떠오르지 않기 때문이다.

이때 목적을 '교통사고 방지', 독자를 '고령자'로 설정하면 어떻게 달라질까?

· 고령자가 교통사고를 일으키는 원인에는 어떤 것이 있을까?
· 고령 운전자가 일으키는 사고 건수의 추이는?
· 젊은 운전자에 비해 고령 운전자가 주의해야 할 점은 무엇일까?
· 고령 운전자의 사고를 예방하려면 어떤 대책이 필요할까?

이런 식으로 쓸 내용과 모을 글감을 구체적으로 떠올릴 수 있다.

그럼 이번에는 '자살'이라는 주제가 주어졌다고 하자. 무엇을 쓸 것인지 다양하게 생각해볼 것이다.

· 자살자가 늘고 있다, 또는 줄고 있다.
· 어떻게 하면 자살을 방지할 수 있을까?
· 국가별 자살 관련 데이터를 비교해본다.

너무 뻔한 내용만 떠오른다.

그렇다면 목적을 '괴롭힘에 의한 자살을 방지하는 방법', 독자를 '초등학생'으로 설정해보자. 훨씬 더 구체적이고 유용한 글을 준비할 수 있다.

또는 앞의 주제와 합쳐도 또 다른 조합이 만들어진다.

- 목적은 교통사고 방지, 독자는 초등학생.
- 목적은 괴롭힘이 원인인 자살 방지법, 독자는 고령자.

고령자를 독자로 하는 교통사고 예방법의 글감은 고령 운전자의 사고가 늘고 있다거나 해가 지는 시간대에 사고가 증가 추세라는 것 등이 있을 것이다. 독자가 초등학생으로 바뀌면 '횡단 보도를 건널 때는 항상 주위를 살핀다', '파란불에서도 사고가 일어난다' 같은 글감을 사용할 수 있을 것이다.

괴롭힘 문제도 마찬가지다. 초등학생을 독자로 설정하고 괴롭힘과 자살을 주제로 글을 쓴다면 실제 괴롭힘의 에피소드가 메시지를 더 잘 전달할 것이다. 독자가 고령자로 바뀌면 특정 에피소드보다는 괴롭힘과 관련한 통계 데이터가 더 관심받는 정보가 될 것이다.

이처럼 목적과 독자가 바뀌면 글감도 확연히 달라진다.

인터뷰 글은 누구를 대상으로 해야 할까?

나 역시 글을 쓸 때는 반드시 목적과 독자를 정한 후 글감을 모으고 글을 설계한다. 일을 의뢰받을 때도 반드시 의뢰자와 상의한다.

고단샤에서 발행하는 잡지인 〈주간현대〉에서 인기 연예인 후쿠야마 마사하루의 인터뷰 기사를 맡은 적이 있다. 후쿠야마의 특집 화보로 다룰 예정이라고 했다. 기사의 목적은 '독자에게 활기를 전하는 것'이었다.

〈주간현대〉의 주요 독자는 60대이므로, 평소 같으면 60대를 대상으로 한 글감을 모아야 한다. 하지만 나는 담당 편집자에게 60대를 대상으로 해도 괜찮은지 먼저 확인했다. 그 과정에서 편집부에 한 가지 의도가 있음을 알게 됐다. 젊은 독자층을 확보하기 위해 후쿠야마를 내세우고자 한 것이다. 타깃은 40대였다. 즉 이 기사의 표면상 목적은 독자에게 활기를 전하는 것이지만, 진짜 목적은 40대 독자를 확보하는 것이었다.

활기를 전한다는 목적이 같을지라도 후쿠야마가 40대를 대상으로 이야기하는 것과 60대를 대상으로 이야기하는 것은 전혀 다르다. 그러므로 취재도 이에 맞춰 계획해야 한다. 단적으로 말해, 60대가 대상이라면 정년 후의 인생에 대한 응원 메시지가 중심이 될 것이다. 그러나 40대라면 후쿠야마와 같은 세대인 만큼 더 친근한 이야기를 나눌 수 있다.

실제로 나는 후자에 중점을 두어 취재하고 글을 썼다. 만일 내가 담당 편집자에게 독자를 정확히 묻지 않았다면, 초점에서 완전히 벗어난 글을 썼을 것이다.

글을 쓸 때 목적과 독자를 정하는 것은 글쓰기에서 절대 빠트릴 수 없는 과정이다. 특히 처음 함께 일하는 잡지사나 웹사이트 담당자에게는 내가 이해할 수 있을 때까지 묻고 또 묻는다.

시행착오를 줄이고 더 정확한 글을 쓰려면 이렇게 해야 한다. 목적과 독자를 정하지 않고 글을 쓰면 초점이 빗나가 누구도 공감하지 못하는 글을 쓰게 될 우려가 있음을 꼭 기억하자.

독자가 누구든 재미있는 글 쓰는 법

지금까지의 이야기를 충분히 이해했으리라 생각한다. '목적과 독자가 확실하면 모아야 할 글감이 눈에 들어온다' 라는 게 핵심이었다.

지금부터는 어떤 글감을 고를지 이야기하겠다. 내가 목

적과 독자를 정해야 한다고 말하면 이런 질문을 하는 분들이 있다.

"성가시게 꼭 그럴 필요가 있나요?"
"자기가 흥미롭다고 생각한 것을 그대로 글감으로 쓰면 되지 않을까요?"

나도 내가 흥미를 느끼고 관심 두는 것을 쓰고 싶을 때가 있긴 하다.

단, 한 가지 주의할 점이 있다. 자신이 흥미로워하는 글감을 독자도 반드시 흥미로워하리라고 볼 수는 없다는 점이다. 여기에 글감 선정의 위험이 잠재되어 있다.

'흥미 있다' 또는 '관심 있다'라는 감각은 상당히 모호하다. CEO라면 누구나 탐낼 경영관리 기법도 갓 입사한 직원에게는 그다지 가치가 없을 것이다. 자동차를 좋아하는 직원이 자동차 공장에 다녀와 신이 나서 이야기를 들려줘도 문과 출신 영업부 직원은 시큰둥하기만 할 것이다. 또 영화광과 영화를 거의 보지 않는 사람 간에는 재미있는 영화의 기준에 큰 차이가 있다.

독자를 정하지 않고 자기가 흥미로워하는 것을 안일하게 글감으로 사용하면 자칫 독선적이고 아무도 관심을 보이지 않는 글이 될 수 있다.

글의 재미를 더하는 상황 사고법

그렇다면 독자가 관심을 보일 글감은 어떻게 파악해야
할까?

이때도 목적과 독자를 설정해둔 것이 도움이 된다. 목적
과 독자를 생각하면 무엇이 핵심인지가 분명해지므로 적확
한 글감을 고를 수 있다. 이처럼 독자의 관심을 모으기 위해
주변 상황을 파악하는 것을 나는 '상황 사고법'이라고 표현
한다.

사람들은 무엇에 흥미를 느끼고 재미있어할까? 아마도
사람 수만큼이나 다양할 것이다. 하지만 적어도 더 알고 싶
거나 친근하게 여기는 것에 흥미와 재미를 느낄 것이다. 사
회 초년생에게 CEO급 경영관리 기법은 전혀 딴 세상 이야
기인 것처럼 말이다. 즉, 자신의 지식수준이나 상황에 따라
관심 분야가 달라진다. 그러므로 중요한 것은 글을 쓰는 사
람의 흥미가 아니라 읽는 사람의 흥미를 찾아야 한다는 것
이다. 지금부터 상황 사고법을 익히는 구체적인 방법을 설
명하겠다.

읽을 사람이 접한 정보에 접해본다

나는 크게 나누어 '남의 이야기를 듣는 것'과 '정보에 접하는 것'이라는 두 가지 면에서 독자의 상황에 가까워지려고 한다.

내가 30대 여성의 주요 독자인 잡지에 기사를 쓴다고 해보자. 매체에 기사를 쓸 때는 앞에서 소개한 후쿠야마 취재 사례처럼 편집자에게 목적과 독자를 묻는다.

"독자가 누구인가요? 그리고 그 사람은 무엇을 위해 이 글을 읽나요?"

그와 함께 독자가 될 만한 30대 여성 지인에게 무엇을 알고 싶은지 물어본다. 누군가를 인터뷰하기로 했다면, 그 사람에게 듣고 싶은 이야기는 무엇인가도 물어본다. 그리고 그 지인이 접하는 정보에 나도 직접 접해본다. 예컨대 여성지를 사서 읽거나 여성 대상의 웹 미디어 기사를 읽어본다. 그런 식으로 어떤 이야기를 선호하는지, 어떤 상품이나 어떤 색상이 인기인지 등을 체험해둔다.

현재 일본 최대 웹 미디어인 야후 뉴스에서는 모든 세대를 대상으로 한 기사가 게재된다. 그곳에서 먼저 특정 독자를 대상으로 한 기사를 찾는다. 기사마다 하단에 관련 기사가 링크되어 있는데, 링크를 따라 관련 기사를 읽다 보면 어느 정도 윤곽이 잡힌다.

업무용 글도 마찬가지 과정을 거치면 된다.

예를 들어, 인공지능 기술을 중심으로 자사 소개 글을 쓰게 됐다고 하자. 이미 말한 것처럼, 같은 회사 소개 글이라 해도 학생들이 읽는 취업 정보 사이트에 싣는 것과 IT 전문 잡지에 싣는 것은 목적도 글감 선택법도 다르다.

학생들과 전문 잡지를 읽는 사람들 간에는 컴퓨터나 IT에 관한 감각 자체에 차이가 있다. 전자라면, 지금 인공지능이 얼마나 주목받고 있는지부터 이야기를 시작하는 게 좋다. 후자라면, 타사와 기술력을 비교할 수 있는 전문적인 이야기가 중심이 되어야 할 것이다.

즉, 독자를 정했다면 그 독자의 상황에 집중해야 한다. 그러면 자신이 아니라 독자의 흥미라는 관점에서 글감을 고를 수 있다.

자신이 어떻게 보일지 알아둔다

상황 사고법에 관해 알아둘 것이 하나 더 있다. 자신도 독자의 관심 대상이 된다는 점이다. 독자는 이 글을 '누가' 썼는지도 중요하게 본다.

무라카미 하루키의 저서 중에《직업으로서의 소설가》라는 베스트셀러가 있다. 그런데 만일 내가 같은 제목으로 책을 냈다면, 당신이 서점에서 그 책을 보고 어떤 생각을 하겠는가. 아마도 '이 사람 대체 누구지?' 하고 생각할 것이다. 나는 소설가가 아니니 당연히 그 제목으로 공감을 얻을 수 없다. 그 책은 기획도, 제목도, 내용도, 누구나 알고 있는 소설가 무라카미 하루키이기에 성립한다.

페이스북 등 SNS 글을 보면 정권을 거침없이 비판하는 사람, 무슨 일에건 호언장담을 일삼는 사람, 또 기업 경영에 관해 더없이 거만한 시선으로 글을 쓰는 일반 직장인도 있다. 그런 글을 본 사람들은 어떤 생각을 할까? 속으로 '당신이 그런 말을 할 정도가 되는가?' 하지 않을까 싶다.

예를 들어, 당신이 영업부에서 근무하는데 부서원 전체가 자사 물류센터에 견학을 다녀온 후 보고서를 제출해야 한다고 하자. 그런데 40대와 20대가 쓰는 내용이 같을까?

회사가 40대에게 요구하는 것은 경영관리와 전략적인 관점에서 쓴 보고서일 것이다. 그런데 20대 직원이 탁월한 능력으로 전략적 관점에서 보고서를 제출한다면, 인정은커녕 주제 넘는다는 평을 받을 수도 있다. 20대 직원에게 요구

되는 보고서는 일반적으로 현장에서 무엇을 보고 느꼈는가 하는 수준일 것이다.

모든 글이 마찬가지다. 읽는 사람이 '이 사람은 어떤 상황에서 이런 말을 하는 거지?', '내가 왜 이 사람에게 이런 말을 들어야 하나?' 같은 생각을 한다면 아무리 내용이 핵심을 꿰뚫고 있더라도 제대로 받아들이지 않는다. 그 점을 명심해야 한다.

배려 있는 문장을 쓰려면

상황 사고법은 독자의 흥미와 관심을 찾을 때뿐만 아니라 심각한 상황에서도 도움이 된다.

예를 들어, 당신 부서의 실적이 호조일 때 상사에게 제출할 보고서와 실적이 부진할 때 제출할 보고서를 똑같은 방식으로 쓰진 않을 것이다. 상사가 어떤 심리 상태인지 살피지 않으면 괜히 꾸중을 들을 수도 있다.

사회적 물의를 일으켜 여론의 뭇매를 맞는 거래처가 있다고 하자. 그 담당자에게 보내는 문서 말미에 '귀사의 무궁한 발전을 기원합니다' 같은 틀에 박힌 문구를 쓴다면 어떻게 되겠는가. 이처럼 큰 틀에서 생각하여 '사회 분위기가 어떤가?' 하는 점 역시 상황 사고법이 될 수 있다.

동일본대지진 직후 사회 전체가 침울한 분위기였을 때 기업마다 성명을 발표했는데, 이때 내용이 어땠는지도 떠올려보자. 흉악한 범죄가 일어나거나 사회에 큰 충격을 안긴 사건이 발생한 직후라면 사회 분위기를 반드시 고려해야 한다. 그런 점들을 인식하면서 적절한 글감을 모으고, 부적절한 글감을 줄이는 것 역시 상황 사고법에 포함된다.

상황 사고법은 무기이자 방패다. 상황 사고법을 익히면, 무엇이 이롭고 무엇을 쓰면 안 되는지 등을 전략적으로 파악하여 글감을 고를 수 있다.

글이 절로 써지는 습관: 목적과 독자

· 독자가 느끼기 바라는 것을 정한다.

· 의뢰받은 글은 의뢰자에게 진짜 목적을 확인한다.

· 모두를 대상으로 쓰지 않는다.

· 구체적인 한 사람의 독자를 특정한다.

· 독자를 특정할 수 없으면 지인 중 한 사람을 특정한다.

· 독자의 흥미와 지식수준을 조사한 후에 쓴다.

3
장

떠오른
글감을
꽉 잡는 법

시간 낭비 없이
글감 모으는 법

2장에서('쓰는 이유를 명확히 한다') 제시했던 '② 글감을 모은 다'에 대해 구체적으로 설명하겠다.

400자가 넘어 웬만큼 분량이 되는 글이라면 보통 마감까 지 며칠에서 일주일 정도의 여유가 있다. 글의 목적과 독자 를 확인하면 바로 글감 찾기에 들어가되, 시간을 들여 되도 록 많은 글감을 모은다.

짧은 글도 마찬가지다. 당장 기획서를 써오라는 불호령 이 떨어져도, 바로 글감 모으기에 돌입하면 시간을 최대한 단축할 수 있다.

많이 모으고 나중에 줄인다

글감이 전혀 없는 상태에서 글을 쓰려 하거나, 쓰기 시작 했는데 글감이 부족해 한 번 더 글감을 모아야 하는 상황이 되면 시간적으로나 정신적으로나 큰 부하가 걸린다.

'마감 직전에 글감 모으기에서 글쓰기까지 단번에 해버리면 되지 않을까?' 하고 생각하는 사람도 있겠지만, 그게 말처럼 쉽지 않다. 글을 싫어하는 사람일수록 단번에 써야한다는 심리적 압박을 안고 있기에 다른 일에 집중할 수 없다. 또 벼락치기로 모은 글감이 좋은 글감이 될 가능성은 작다. 쓰는 것 자체가 고통일 뿐 아니라 '이런 내용으로 써도 될까?', '더 좋은 글감은 없을까?' 우왕좌왕하다가 속도를 내지 못한다.

한시라도 빨리 글감을 모아 저장해두면 글쓰기가 전혀 두렵지 않게 된다. 쓸 내용이 눈앞에 있으니 자꾸 미루거나 진도가 나가지 않는 일도 생기지 않는다. 오히려 빨리 쓰고 싶어 몸이 근질근질해진다.

글감이 혹시 너무 많더라도 나중에 줄이면 된다. 글감은 신속하게 많이 모았다가 나중에 줄이는 게 가장 낭비 없는 글쓰기 프로세스다.

메모만 해도 글감은 계속 늘어난다

이제 본격적으로 글감을 어떻게 모을지 알아보자.

인간의 뇌는 참으로 신기해서 뭔가를 해야 한다고 골똘히 생각하면 어느 순간 머릿속이 번뜩인다. 목적과 독자를 정하고 글감을 찾으려 하면, 우연한 순간에 '그래, 이거야!' 싶은 타이밍이 수차례 찾아온다. 그때 떠오른 글감을 놓치지 않고 꽉 잡아두는 것이 중요하다.

적당히 메모하는 것으로는 부족하다. 하나도 빠짐없이 꼼꼼히 메모해야 한다. 나중에는 떠오르지 않는다. 절대 자신의 기억력을 믿어서는 안 된다.

한 대학교수를 취재할 때 "왜 인간은 뭐든 금방 잊어버릴까요?"라고 질문한 적이 있다. 그는 이렇게 답해주었다.

인간은 단기기억에 약해서 금방 잊어버리는데, 이것은 태곳적부터 인간의 DNA에 새겨진 본능이다.

인간은 예전에 동물들과 똑같이 정글에서 살았다. 맹수와 맹독을 지닌 곤충들이 득실대는, 한순간만 정신을 놓쳐도 덥석 잡아먹히고 마는 세계다. 그래서 항상 주변 상황에 주의를 기울이고 집중해야 했다. 눈앞에서 벌어진 일에 정신을 빼앗기는 것은 죽음을 의미했다.

그런데 어떤 한 가지가 뇌 속을 점령하면 주의력이 산만해져 신경이 분산되어버린다. 이는 곧 생명을 잃을 위험을 키운다는 뜻이다. 그렇게 되지 않도록 인간은 뭐든 금방 잊을 수 있게 되어 있다.

그러므로 머릿속에 떠오른 것은 외부 기억 장치를 활용하기 위해 반드시 메모를 해야 한다. 이것은 적어도 나의 개인적인 경험으로는 맞는 말이라고 생각한다. 글감이 되겠다 싶으면 그 자리에서 즉시 메모한다. 그런 식으로 계속해서 글감을 저장해간다.

예를 들어, 공장 견학 보고서 같은 글을 쓸 때는 실제로 현장을 찾아가 취재한다. 그럴 때야말로 본 것과 들은 것을 가능한 한 메모해둬야 한다. 일일이 적자니 성가시게 느껴질 수도 있지만, 그 메모들은 나중에 망설임 없이 빨리 글을 쓰기 위한 글감이 된다. 어차피 취재 중이니 정리하기 위해 따로 시간을 낼 필요도 없다. 같은 시간을 들여 얼마나 많이 메모해두느냐가 관건이다.

메모를 하지 않고 기억에만 의존하면 막상 글을 쓰려고 할 때 아무것도 떠오르지 않을 것이다. 그러면 취재를 다시 해야 하므로 시간을 허비하게 된다.

본 것이 글감이 된다

글감을 모을 때 반드시 기억해야 할 사항이 하나 더 있다. 들은 것만이 메모가 아니라는 것이다.

방금 예로 든 공장 견학 보고서라면 안내자에게 자세한 설명을 들었을 것이다. 그 내용만 메모할 게 아니라 내 눈으로 본 것도 메모한다.

· 입구는 얼마나 넓고 공장 규모는 어느 정도인가.
· 벽은 어떤 색인가.
· 공장을 상징할 만한 역사적인 전시물이 있는가.

　이처럼 '본 사실'을 메모한 것도 귀중한 글감이 된다. 실제로 나는 기사를 쓸 때 이렇게 하고 있다.

　예를 들어, 경영자를 취재했을 때 사장실에 들어서자 중후한 느낌이 들었다고 하자. 그 느낌을 그냥 '중후함'이라고 표현하면 독자는 구체적인 이미지를 떠올릴 수 없다. 그 자리에 없던 사람도 그런 표현을 할 수 있기 때문이다. 그러므로 중후함의 내용을 써야만 한다. 벽이나 카펫의 색상, 책상이나 소파의 특징, 창밖 풍경 등 중후함을 상징하는 것들을 메모해둔다. 이런 정보를 글에 담아야 독자에게 사장실의 분위기가 생생하게 전해진다. 청각뿐 아니라 시각도 최대한 활용하라는 얘기다.

　거기에 촉각, 후각, 미각 등 오감을 활용하여 얻은 글감을 계속 메모해간다. 예컨대 사장실 소파나 장식장의 목재에서 풍기는 냄새로도 중후함을 표현할 수 있다.

자신의 감각도 글감이 된다

자신의 감각이 어떻게 글감이 될까?

일단 글을 쓰는 사람의 체험은 글 안에서 힘을 갖는다. 누군가에게 들은 이야기가 아니라 자신이 직접 체험한 에피소드인 만큼 다른 사람에게서는 나올 수 없는 독보적인 설득력이 생겨난다. 또 한 가지, 자신이 체험한 것은 자신이 아주 잘 안다는 점이다. 그래서 글을 쓸 때도 수월하게 빨리 쓸 수 있다.

알 듯 말 듯, 잘 모르는 것을 쓰려고 하면 시간이 걸릴뿐더러 이해하기 어려운 글이 된다. 자신의 체험을 글감으로 활용하여 글에 설득력을 높이도록 한다.

글감을
항목별로 나열해본다

추상적인 이야기는 이제 그만하고, 글감의 실체를 살펴보자.

당연한 얘기지만, 이 책의 서두를 쓸 때도 나는 글감을 준비했다. 그 실체를 일부 소개한다.

- 글 쓰는 시간이 괴롭다.
- 첫 줄이 써지지 않는다.
- 의미가 잘 전달되지 않는다.
- 다시 쓸 때가 많다.
- 글자 수를 채우지 못한다.
- 그런 고민을 말끔히 해결한다.
- 지금처럼 쓰기 능력이 요구되던 시대는 없었다.
- 하루를 돌아보면 쓰는 데 많은 시간을 허비하고 있다.
- 쓰는 속도를 높이면 일이 빨라진다.
- 일을 잘하는 사람일수록 빨리 쓴다.

- 책 한 권을 평균 4~5일에 쓴다.
- 23년 동안 마감을 어긴 적이 한 번도 없다.
- 업무용 글에 재능은 필요하지 않다.
- 어떻게 쓸지가 아니라 무엇을 쓸지에 집중한다.
- 읽고 바로 행동으로 옮기기 바란다.

　하나하나의 글감은 완전한 문장으로 되어 있지 않다. 항목별로 대충 분류는 했지만 오히려 날려 썼다.

　하지만 이것만으로도 충분하다. 우연히 떠오른 아이디어도 글감으로 활용할 수 있으니 아이디어가 떠오르면 그 자리에서 즉시 써두자. 짧고 빠르게 쓱싹, 문법 등도 생각하지 말고 그냥 써두자.

글감 저장에는 스마트폰 메모장이 최고

　글감은 언제 떠오를지, 어디서 발견하게 될지 누구도 모른다. 그러므로 언제 어디서든 바로 꺼내 쓸 수 있는 메모 도구를 가지고 다녀야 한다.

　메모 도구로는 스마트폰이 최적이다. 나는 아이폰을 사용하는데, 지금은 스마트폰을 이용하지 않는 사람이 별로 없다. 적극적으로 활용하기 바란다.

스마트폰에는 편리한 메모 앱도 많지만 나는 아이폰 메모장을 글감 초안용으로 사용한다. 가장 편리하기 때문이다. 분량과 상관없이 얼마든지 써서 저장할 수 있다. 평소 메일을 사용하고 있으니 언제든 메일과 연동할 수 있으며, 필요하면 그대로 누군가에게 메일로 보낼 수도 있다. 컴퓨터와 연동하여 컴퓨터로도 볼 수 있다. 무엇에 관한 글감인지 항목별로 제목을 붙여두면 나중에 검색하기도 쉽다. 이토록 많은 이점이 있어서 나는 스마트폰 메모장이야말로 글감 모으기에 최고의 도구라고 생각한다.

글감을 항목별로 이름을 붙여 저장하면 끝

메모 방법은 매우 단순하다. 신규 파일을 열어 '공장 견학 보고서', '○○기획서' 등으로 제목을 붙이고 아이디어나 글감을 무작위로 저장하면 끝이다.

다음 사진은 내 스마트폰 메모장의 글감 초안 페이지다. 이처럼 항상 많은 양의 글감 메모가 저장되어 있다.

수요일

대학. 홍보 취재.

홍보 개혁. 수업 개혁. 만족도 조사. 정보화. 유학제도. 입시 홍보. 주변 고교. 사회인 교육. 학부모회, 웹사이트……

수요일

247기획. 연재 구성.

제1회 커뮤니케이션에서 가장 중요한 것은 사실 '듣는 힘'. 유창하게 말하는 것이 커뮤니케이션이 아니다. 중요한 것은……

수요일

취업센터 취재 내용

취업에 강한 이유. 취업에 힘을 쏟는 각 캠퍼스에 지원. 커리큘럼은……

수요일

저절로 일이 들어오는 프리랜서의 삶의 방식

저절로 일이 들어오는 프리랜서의 삶의 방식 공유. 다음 무대와 특히 운이 좋은……

수요일

영업하지 않는 프리랜서

맡은 일에 최선을 다하지 않으면 바로 티가 나 일을 받을 수 없다.

어제

출판 기념 파티

조카 아식스 시스맥스 스즈키 젤리 양치기형 하이얼 교세라 SAP 네슬레

어제

북라이터 학원 방문

몇 명까지 부를 수 있는지 확인. 장소 확인. 내빈 리스트 제작 송부 / 일정(제1회 내빈) ● 고단샤

어제

답신 메일

오랜만입니다. 답신이 늦어져 죄송합니다. 어젯밤에는……

목요일

구성안

● 치열한 곳 ● 평생 공부 ● 다른 업종은 정체 ● 빨리 독립해서 자기 사업을 시작

목요일

취재 내용

입사하고 놀랐던 점? 의외였던 점? 일본 법조인의 업무 수행 방식 개혁을 추진한 이유?

- 착수할 원고의 글감을 찾기 위한 메모
- 기획 아이디어를 무작위로 메모
- 다음 주 취재를 위해 질문 항목을 자세히 메모
- 강연이나 세미나의 항목별 메모
- 취재에서 들은 명언
- 술자리나 모임 등에서 들은 흥미로운 말이나 키워드 등을 메모

잡지 기사를 쓸 때는 기사의 구성 자체를 스마트폰으로 하기도 한다. 그 외에 우연히 떠오른 아이디어, 꼭 해야 할 일, 꼭 사야 할 것 등 무엇이든 메모장에 저장해둔다.

앞서 말했듯이, 우연히 떠오른 아이디어는 금방 잊어버릴 가능성이 크다. 그러니 뭐든 즉시 메모한다. 필요하다면 그 자리에서 바로 메일로 보내둔다.

이것은 나의 개인적인 견해인데, 스마트폰처럼 작은 화면은 글감을 생각하기에 적격이다. 작은 화면에 차례차례 메모해가면 화면이 점점 메워지면서 글감이 많이 나온 것 같은 기분이 든다. 이렇듯 글감 모으기가 즐거워지는 효과도 의외로 무시할 수 없다.

글감은
자신 안에도 얼마든지 잠들어 있다

샤워할 때나 출근길 전철에서 갑자기 아이디어가 떠올랐던 경험이 있을 것이다. 글감이 불쑥불쑥 떠오르는 것은 나만의 이야기가 아니다. 내가 취재한 많은 아티스트와 크리에이터, 경영자들도 모두 같은 이야기를 했다.

일류 크리에이터가 피트니스센터에 다니는 이유

이름만 대면 알 만한 한 크리에이터가 취재 당시 이런 이야기를 들려줬다.

"아이디어는 책상 앞에서 끙끙댄다고 나오는 게 아니에요. 오히려 전혀 생각지도 못한 상황에서 불쑥불쑥 떠오르죠."

눈앞에 종이를 펼친다고, 컴퓨터를 켠다고 아이디어가 나오는 건 아니라고 했다.

의식하고 있으면 뇌는 항상 생각한다. 하지만 그 생각을 직접 끌어내기는 불가능하다. 뇌 깊숙한 곳에 잠들어 있던 아이디어는 우리가 방심하고 있을 때 불쑥 튀어나온다. 즉, 글감을 끌어내려고 아무리 기를 써도 억지로 빼낼 수는 없다. 그럴 때는 의식적으로 다른 쪽에 한눈을 파는 상태를 만드는 게 낫다.

러닝머신에서 땀을 뻘뻘 흘리는 사람을 보고 '밖에서 달려도 될 텐데 군이 실내에서 저럴 필요가 있을까?' 생각한 적은 없는가? 경영자나 크리에이터 중에는 매일 피트니스센터에 다니는 사람이 적지 않다. 신체를 단련하거나 다이어트를 하거나 인맥을 쌓기 위해서만은 아니다. 실은 아이디어를 끌어내기 위해 일부러 피트니스센터를 활용하는 사람도 있다. 예컨대 한 크리에이터는 피트니스센터에 가서 러닝머신을 달릴 때 앞에 수첩을 걸쳐놓는다고 한다.

나도 주말에는 피트니스센터에 가서 러닝머신에 오른다. 딱히 집중하지 않아도, 그냥 별생각 없이 달리다 보면 아이디어가 불쑥 솟곤 한다. 꼭 쓰고 싶은 글감이 떠오르거나, 책의 소제목이 번뜩이거나, 매끈하게 읽히게끔 글이 정리되기도 한다.

책상에 앉아 있기보다 다른 일을 하는 쪽이 아이디어를 훨씬 더 샘솟게 하는 방법이다.

잡담으로 간단하게 글감을 끌어낼 수 있다

세계적으로 유명한 일본인 아티스트를 취재하던 때의 이야기다. 잇달아 충격적인 예술 작품을 세상에 선보인 사람들은 어떤 식으로 아이디어를 내는지 나도 몹시 궁금했다. 분명 고독한 작업일 거라 생각했다.

하지만 예상은 보기 좋게 빗나갔다. 고독은커녕 여러 명의 스태프와 미팅을 하면서 아이디어를 내고 있었다. 둥근 테이블에 모두 모여 앉아 정신없이 이야기한다. 당장 아이디어를 내려고 조급해하지도 않는다. 이야기가 이쪽으로 튀었다가 저쪽으로 튀었다가 한다. 이런 식으로 사람들과 잡담하는 중에 우연한 계기로 방아쇠가 당겨져 아이디어가 불쑥 떠오른다고 한다.

이 역시 앞에서 말한 '뇌를 방심하게 하거나 의도적으로 다른 데 한눈을 파는' 상태와 비슷하다. 아이디어가 뇌 안에서 잠들어 있더라도 그것을 혼자서 끌어내기는 어렵다. 누구든 다른 사람과의 커뮤니케이션이 있어야 깨울 수 있다.

나는 그 후로 일을 의뢰받으면 반드시 담당 편집자와 폭넓게 회의를 한다. 그렇게 하면 누군가에게서 새로운 아이디어가 나오기도 하고 머릿속에 있던 글감이 저절로 튀어나오기도 한다.

하나의 글감을 열 개로 늘릴 수 있는 연상 게임

연상 게임으로 가지고 있는 글감을 늘릴 수 있다. 단 이 방법은 혼자서 할 수 없고, 반드시 커뮤니케이션 상대가 필요하다는 단점이 있다. 그래서 나는 혼자서 브레인스토밍하는 방법을 더 좋아한다.

다른 사람과의 커뮤니케이션에서 아이디어가 떠오르는 이유는, 상대의 생각지 못한 말에 자극을 받아 내 머릿속에 있는 아이디어와 정보가 살아나기 때문이다.

스스로 의외의 말을 끌어낼 수 있다면 똑같은 효과를 얻을 수 있지 않을까? 말하자면 혼자서 하는 연상 게임도 가능하지 않겠느냐 하는 얘기다. 물론 할 수 있다. 일단 글감 하나를 끌어낸다. 그리고 다른 글감을 하나 더 끌어낸다. 그렇게 하면 끌어낸 글감에서 다른 글감이 떠오르거나 한다.

좀 더 구체적으로 살펴보자.

먼저 글감을 메모하는 단계에서는 '이 글감은 사용 가치가 있을까?' 하는 불필요한 걱정 따윈 접고 생각나는 대로 써간다. 그렇게 글감이 10~20개 모였을 때, 모든 글감을 전체적으로 재점검한다. 그러면 비슷한 글감끼리 분류하여 정리할 수 있다. 각 글감을 한 장의 잎으로 보고 그것을 모으다 보면 가지가 보일 것이다.

예를 들어 '집안일 쉽게 하기'를 주제로 기획서를 쓴다고 해보자. 일단 집안일을 철저히 파고들기 위해 다음과 같은 글감을 무작위로 모은다고 하자.

• 거실 정리, 화장실 화장지 보충, 장보기, 세탁하기, 빨래 널기, 빨래 개기, 이부자리 펴기, 아침 식사 준비, 저녁 식사 준비, 반려동물 먹이 준비, 아이 어린이집 보내기

여기까지 모으고 잠깐 전체를 살펴보면 '시간'으로 분류할 수 있다는 생각이 들 것이다.

• 아침: 아침 식사 준비, 세탁하기, 빨리 널기, 거실 청소, 아이 어린이집 보내기
• 저녁: 빨래 개기, 장보기, 저녁 식사 준비, 이부자리 펴기

이런 식으로 집안일을 시간이라는 '가지'로 나누어보면, 다음에는 시간을 기준으로 집안일을 생각하게 돼 새로운 글감이 쉽게 떠오른다.

'아침에는 쓰레기 버리기와 밥솥에 예약 버튼 누르기도 있구나.'
'저녁에는 욕실 청소와 설거지도 있어.'

이런 식으로 글감에서 가지를 찾아내고, 가지를 바탕으로 새로운 글감을 끌어내 또 다른 가지를 찾을 수 있다. 글감으로서의 잎과 그것을 정리할 가지를 오가다 보면 혼자서도 상당한 양의 글감을 모을 수 있다.

긴 글의 구성을 빨리 정하는 방법

이 방법은 글감을 모을 때뿐만 아니라 긴 문장을 쓸 때도 시간을 단축해준다.

반복하지만, 쓰다가 글감이 부족함을 깨닫고 한 번 더 글감을 모으려면 예상외로 시간이 걸려 글쓰기 속도가 현저히 떨어진다. 글감을 정리하는 '가지'를 의식하면 그런 시간 낭비를 사전에 막을 수 있다.

자세한 이야기는 뒤에 나오는 실천편에서 하겠지만, 긴 글을 쓸 때는 글감을 묶는 가지를 만들어 글의 골격을 마련하는 것이 핵심이다.

앞에서 소개한 방법으로 글감을 모으면 한 가지에 어느 정도의 글감이 모인다. 글감이 많이 모이는 가지가 있는가 하면 생각보다 덜 모이는 가지도 있다. 그럴 때는 글감이 적은 가지는 잘라버리고 글감이 많은 가지만 채택한다.

이렇게 하면 글감을 모으는 단계에서 글이 어떻게 구성될지를 어느 정도 예상할 수 있다.

글감을
두 배로 빨리 모으는 시간 사용법

효율적으로 글감을 모으는 방법을 소개하겠다.

많은 글감을 신속하게 모으려면 약간의 연구가 필요하다. 나는 책이든 기획서든 직접 쓰는 글의 글감은 대부분 이동 중에 모은다.

· 취재 장소를 오가는 전철 안에서
· 취재와 취재 사이에 거리를 거닐면서
· 카페에 들러 차를 마시면서

그런 자투리 시간을 글감 모으는 시간으로 활용한다.

아무리 시간이 없어도 글감은 모을 수 있다

앞에서 접한 '다른 데 한눈을 파는 상태'가 이동 중에 일어나기 쉬워서이기도 하지만, 그 이유 때문만은 아니다.

전철을 타면 포스터나 스티커, 광고 등 다양한 것들이 눈에 들어온다. 많은 사람이 타고 내리기에 사람들의 다양한 모습과 행동도 눈에 들어온다.

전철 내부나 사람들의 움직임을 보고 있으면 무언가에 이끌려 자기도 모르게 자극을 얻을 수 있다. 그것이 힌트가 되어 글감이 떠오른다.

전철뿐만이 아니다. 카페도 마찬가지고, 취재 장소에 일찍 도착해서 접수 로비에 앉아 기다리는 시간도 활용할 수 있다. 주말에 백화점에 갔을 때 아내와 딸이 쇼핑하는 동안, 나는 멍하니 있지 않고 글감을 찾아 머리를 이쪽저쪽으로 돌려본다. 뜻하지 않은 곳에서 참신한 글감이 눈에 띄기도 한다.

다양한 환경을 글감 모으기에 적극적으로 활용하자.

의견을 글감으로
바꾸는 방법

한 가지 더, 조금이라도 수월하게 글감을 모으는 방법을 소개하겠다.

앞서 말했듯이 글감은 독자적 사실, 에피소드, 숫자다. 즉 글감은 독자에게 전하고자 하는 내용 자체다. 그런데 쓰는 사람의 의견이나 감상 또한 글감의 하나가 되기도 한다.

카피라이터 이토이 시게사토를 취재했을 당시 기억에 남는 에피소드가 있다. 이토이는 '호보닛칸이토이신문'이라는 웹사이트를 운영하며 칼럼, 지식인과의 대담 등을 게재하고 있다. 이 사이트에서 발행하는 '호보니치' 수첩도 유명한데, 이토이는 수첩을 사용하긴 하지만 수첩에 일정을 기록하진 않는다고 한다. 일정은 비서가 관리하기 때문이다.

그렇다면 이토이는 호보니치 수첩에 무엇을 쓸까? 그날 그날의 잡다한 감정만 쓴다고 한다. 그날의 생각, 느낌 등을 매일 수첩에 메모하는 것이다. 그 메모는 그날 있었던 일과 합쳐져 귀중한 기록이 되며, 언제 펼쳐봐도 지난 하루하루를 생생하게 떠올릴 수 있다.

이토이는 호보닛칸이토이신문의 메인 페이지에 '오늘의 달링'이라는 칼럼을 연재하고 있다. 웹사이트를 개설한 지가 벌써 20년인데, 그동안 하루도 거르지 않았다고 한다.

사실 이토이는 프로 카피라이터이자 일류 작가다. 그래서 매일 글을 쓰는 일이 크게 어렵지 않았을 것이다. 하지만 그는 자신이 20년 동안 매일 칼럼을 쓸 수 있었던 것은 글감 모으기라는 배경이 있었기 때문이라고 말한다. 호보니치 수첩에 수시로 적었던 매일의 잡다한 감정 말이다.

임기응변에 강한 사람은 무엇이 다를까?

이 방법은 이토이만큼 글 쓸 기회가 많은 사람이 아닌 일반 직장인이 따라 하기에도 좋다. 글만이 아니라 회의 때나 거래처와 잡담을 할 때 자신의 느낌이나 생각, 의견 등을 술술 말하기란 웬만해선 어렵다.

하지만 매일 이렇게 잡다한 감정을 기록해두면 자신의 느낌이 차곡차곡 저장된다. 그래서 어떤 일에 흥미가 있었는지, 어떤 일에 감동했는지 매사에 감성이 닦인다.

매일 기록해둔 잡다한 감정은 글감의 보고다. 칼럼을 쓸 수 있는 글감이 점점 쌓여간다. 블로그 등의 사적인 글은 물론, 회의에서 의견을 내놓거나 프로젝트의 감상을 이야기할 때 그 시점을 어렵게 회상하지 않고도 말이 술술 나온다.

임기응변에 강한 사람은 아마 평소에 이런 것들을 하지 않을까? 형식에 맞춰 글을 써놓지 않아도 평소에 의견이나 감상을 써두면 생각지 않은 상황에서 글로 또는 말로 표현하는 데 도움이 될 것이다.

잡다한 글감 모으기는 블로그나 SNS가 최적

모아놓은 글감 초안은 세미나에서 프레젠테이션 자료로 활용하거나 책을 기획할 때도 참고할 수 있다. 나는 블로그는 쓰지 않지만, 만일 블로그를 쓰게 되더라도 곤란할 게 없다. 세상은 정말 글감의 보고이기 때문이다.

취재 장소로 오가는 전철 안이라면 바로 앞에 앉아 있는 사람이 읽고 있는 특이한 잡지, 고등학생의 패션, 손잡이의 광고 카피, 앉아 있는 사람들이 모두 스마트폰만 뚫어지라 바라보는 광경, 입을 헤벌쭉 벌리고 자는 남성 등이 모두 내게 글감이 된다.

역을 나와 취재 장소로 가는 길에는 도로변으로 늘어선

독특한 가게, 빌딩 숲 한복판에 밀집해 있는 낡은 주택, 처음 보는 스포츠카, 이어폰을 꽂고 스케이트보드를 타며 스마트폰을 보는 청년 등이 또 글감이 된다.

그런 것들을 빠짐없이 메모한다. 본 것, 느낀 것을 써서 저장해둔다. 이것들이 고스란히 블로그나 SNS에 올릴 글의 글감이 된다. 평소에 글감을 의식하고 생활하면 글감이 부족해 어려움을 겪는 일은 없다.

대화를 녹음하면 초고속으로 글감이 모인다

스스로 글감을 만들어 저장해두는 방법도 있다. 누군가에게 자신을 인터뷰해달라고 하는 방법이다. 이 방법은 특히 급하게 글감을 모아야 할 때 도움이 된다.

알다시피 대화를 나누다 보면 아이디어가 더 풍부해진다. 글을 쓰는 데에는 부담감을 느낄 수도 있지만, 듣고 말하는 것은 대부분의 사람이 그다지 부담스러워하지 않는다. 의도적으로 말하는 환경을 만들고, 인터뷰 내용을 녹음하여 그 내용을 글감으로 글을 쓰면 된다.

이 책의 글감을 준비할 때도 담당 편집자와 몇 시간에 걸쳐 회의를 했다. 기획서를 만드는 단계부터 많은 질문이 오갔고 그에 대한 답이 글감, 즉 이 책의 차례를 만드는 힌트가 됐다. 나 혼자 글감을 모으려 했다면 이보다 잘하진 못했을 것이다.

누군가에게 인터뷰를 부탁하는 게 쑥스럽다면, 식사 자리나 카페에서 대화 내용을 녹음하는 방법도 있다. 스마트폰만 있으면 녹음은 간단하다.

먼저, 쓰고자 하는 주제에 관해 미리 몇 가지 질문을 준비하여 상대에게 던져본다. 말을 걸면 응답이 있기 마련이다. 그 응답에 다시 응답하여 대화의 폭을 점점 넓혀가면, 깜짝 놀랄 만큼 반짝이는 아이디어가 나오기도 한다. 물론 상대의 의견도 글감이 된다. 대화 속에는 우리가 생각하는 것보다 글감이 되는 힌트가 많다.

녹음을 하기 어려운 상황이라 해도 낙심할 건 없다. 대화 중에 나온, 글감으로 활용할 만한 이야깃거리나 생각지도 못한 아이디어를 스마트폰에 꼼꼼하게 메모만 해도 충분히 효과를 얻을 수 있다.

글이 절로 써지는 습관: 글감 모으기

· 글감은 일단 최대한 모아서 나중에 줄인다.

· 번뜩이는 아이디어는 그 자리에서 즉시 메모한다.

· 본 것, 들은 것, 느낀 것을 모두 메모한다.

· 글감이 넘치면 메일로 보내 저장한다.

· 운동이나 산책 등 다른 뭔가를 하면서 글감 생각을 한다.

· 이동 중 빈 시간을 활용하여 글감을 모은다.

· 다른 사람과의 잡담 중에 글감을 얻는다.

· 연상 게임으로 한 가지 글감을 열 배로 늘린다.

글감을
읽기 쉬운 순서대로
구성하는 법

모든 글감을 가시화하면
속도가 현격히 오른다

글감을 준비했다면, 이제 그 글감을 어떻게 글로 구현하는지를 설명하겠다.

매끄럽게 술술 읽히는 글을 쓰려면 글감을 어떻게 구성해야 할까? 애써 모은 글감을 머릿속에 멍하니 둔 채 쓰는 것은 금물이다. 반드시 눈에 보이는 형태로 일단 모두 써낸다.

나는 스마트폰에 저장한 글감을 컴퓨터로 옮겨 순서를 바꿔가며 쓸 준비를 한다. 그리고 그것을 출력하여 옆에 두고 보면서 써 내려간다. 책을 집필할 때는 글감의 양이 많아 워드 파일로 차례를 만드는데, 이때도 프린터로 출력하여 그것을 보면서 쓴다. 예전에는 새하얀 종이에 손으로 일일이 항목별로 썼다. 지금도 노트에 쓴 취재 메모나 자료를 바탕으로 글을 쓸 때는 먼저 종이에 쓰기도 한다.

처음에는 그런 성가신 과정은 건너뛰고 한시라도 빨리 쓰는 게 낫지 않을까 생각하겠지만, 오히려 이 과정이 핵심이다. 글감을 미리 써두면 글을 쓸 때 속도가 떨어질 가능성을 줄일 수 있다. 성가시다고 글감을 쓰는 수고를 생략하면 글감이 부족해져 나중에 다시 글감을 모을 일이 생긴다. 그것이 글을 쓸 때 속도를 떨어뜨리는 결정적 요인이다.

이야기하듯 쓰면
반드시 전달되는 이유

모은 글감을 전부 눈에 보이는 형태로 정리했다고 하자.

하지만 글감을 적당히 나열하기만 해서는 알기 쉬운 글이 되지 않는다. 이 책의 목표인 '알기 쉬운 글'을 쓰려면 글감을 어떤 식으로 구성해야 할까?

내가 사용하는 방법은 지극히 간단하다. 눈앞에 독자가 있고 그 독자에게 말로 전달해야 한다면, 어떤 순서로 할지를 생각하는 것이다.

말이 잘 전달되지 않을 때 상대는 어떤 반응을 보일까?

이야기하듯 쓴다는 말은 구어체로 쓰라는 의미가 아니다. 누군가와 이야기할 때 의사소통이 어떻게 이뤄지느냐를 생각해보자. 이것이 술술 읽히는 글을 쓰는 힌트가 된다.

상사든, 거래처든, 친구든, 부모님이든, 누구든 상관없다.

누군가와 이야기할 때를 떠올려보자. 예를 들어 오랜만에 동창회에서 만난 중학교 친구와 그간의 얘기를 나눈다고 하자. 그런데 당신은 얼마 전에 있었던 고객과의 에피소드를 요점만 간추려 들려주었다.

그런데 친구가 이렇게 말한다.

"미안해. 무슨 말인지 잘 모르겠어."

이제 당신은 어떻게 하겠는가? 내용을 다시 자세히 설명하거나, 다른 사례를 가져오거나, 전문용어를 일반용어로 바꾸거나, 이야기 순서를 바꾸는 식으로 어떻게든 상대가 이해할 때까지 고심하며 다시 이야기할 것이다.

한창 대화 중에 이런 경험을 한 적이 누구에게나 있을 것이다.

"잠깐만, 방금 한 이야기 말인데 무슨 말인지 잘 모르겠어요."

"결국 하고 싶은 말이 뭐죠?"

"더 알기 쉽게 설명해주지 않겠습니까?"

"……?"

이런 상황은 대화를 하다 보면 어디서든 생길 수 있다. 대화에서는 당신의 말이 잘 전달되지 않으면 상대가 바로 반응을 보인다. 그러면 당신은 이야기할 내용이나 전달 방법을 바꾸면 된다.

하지만 글은 그럴 수 없다. 그 자리에서 즉시 수정이 안 된다. 따라서 글을 읽다가 잘 이해되지 않으면 그다음을 읽지 않게 될 가능성이 매우 크다. 특히 업무용 글은 한 번 읽고 의미가 전달되지 않으면 더더욱 문제가 된다.

앞서 말했듯이, '글은 잘 써야 하는 것'이라는 고정관념이나 글을 쓰는 자체가 목적이 되어버리는 덫에 빠지기 때문에 속도도 떨어지고 전달력이 약한 글을 쓰게 된다.

그럴 때는 '대화'에 빗대 생각해보자. 어떻게 말하면 상대가 이해할까를 생각하며 말하는 것, 이는 읽기 쉬운 문장을 구성할 때 중요한 힌트가 된다.

눈앞에 독자가 있다고 생각하면 저절로 순서가 정해진다

오랜만에 동창회에서 만난 친구에게 당신의 일을 설명하는 장면을 상상해보자. 친구는 다른 업종에서 일하고 있다. 당신은 '유통구조가 바뀌어 매출이 급상승했다'라는 내용을 전하고 싶다.

　상대는 당신의 일에 관해 전혀 모를 수 있으니 먼저 업계의 기본구조나 지금까지의 유통구조를 일일이 설명해야 한다. 그러지 않으면 당신이 왜 기뻐하는지 이해하지 못할 수도 있다. 전반적인 상황을 모르기 때문이다. 하지만 전반적인 이야기를 장황하게 이어가면 상대는 지루해져서 이야기를 잘 듣지 않으려 할 수도 있다.

　그럴 때 당신은 결론부터 이야기하여 상대의 흥미를 자극해야 한다.

"최근 들어 우리 업계에 혁명이 일어났어."
"이익이 두 배로 늘었어."
"가능한 한 간단하게 이야기할 테니 잠깐만 들어봐."
"원래 우리 업계 유통구조는 말이야."

　이런 식으로 전제 조건을 이야기한다.
　이와 반대로, 같은 업계에 종사하여 사정을 잘 아는 친구와 술자리에서 이야기할 때는 전제 조건을 이야기할 필요가 없다.

"유통 혁명의 영향은 어때?"

"상상 이상이야. 이익이 두 배로 늘었어."

"우와, 대박인데!"

이런 대화를 나눌 수 있을 것이다.

누구든 상대와 얼굴을 마주하고 있을 때는 상대가 이해할 수 있는 수준으로 알기 쉽게 순서나 결론을 생각하면서 말한다. 글을 쓸 때도 마찬가지다. 시작부터 논리의 틀을 짜고 누군가가 만든 문장의 형태에 끼워 맞추지 않아도 된다. 눈앞의 상대에게 이야기하듯이 글감을 구성해야 비로소 그 사람에게 더 적절한 논리가 생겨난다.

여기에서 독자를 특정해둔 효과가 발휘된다. 컴퓨터와 마주하여 글을 쓴다고 생각하지 말고 눈앞에 있는 독자에게 이야기한다는 생각으로 글감의 순서를 배치한다. 앞에서 소개한 상황 사고법을 활용하여 상대의 지식이나 정보의 이해 정도, 관심거리 등을 상상하면서 메시지가 가장 쉽게 전달되도록 순서를 정한다.

술술 읽히는
글의 입구와 출구

　예전에 나는 '이 글을 누가 읽어줄까?' 하는 생각을 했었다. 나 자신이 쓰는 것을 싫어하고 읽는 것도 싫어했던 탓에 다른 사람도 그럴 거라 생각한 것이다. 바쁘게 돌아가는 세상 아닌가.

　아무도 적극적으로 글을 읽으려 하지 않는다. 페이스북 등 SNS도 마찬가지다. 읽다 보면 재미있어 자기도 모르게 어느 정도 읽게 되는 일은 있어도 글 전체를 읽으려 하지는 않는다. 따라서 글을 쓰는 사람은 어떻게 하면 읽어줄지를 고민해야 한다.

　이때 반드시 의식해야 할 것이 글의 서두다. 읽자마자 바로 흥미를 갖지 못하면 다음에 이어질 글이 아무리 매력적이어도 의미가 없다. 어떤 글이어야 모든 사람이 끝까지 읽어줄까 하는 것은 말하기 어렵지만, 서두가 지루한 글을 마지막까지 읽어줄 사람이 드물다는 점만은 확실하다.

절대 상투적인 어구로 시작해서는 안 된다

읽히지 않는 서두의 대표적인 예가 '나는'으로 시작되는 문장이다.

당신이 쓴 글이니 당연히 당신이 보거나 느낀 내용 아니 겠는가. 그래서 '나는'으로 시작되는 문장이 나오면 읽을 기분이 사라진다.

업무용 글에서도 '항상 염려해주셔서 감사합니다'로 시작하여 '다음에도 잘 부탁드립니다'로 맺는 경우가 많다.

왜 이런 상투적인 어구가 많이 사용될까? 그 이유는 쓰는 사람이 편하기 때문이다. '일단 이렇게 써두면 실패할 일이 없다'라는 안도감 같은 것 말이다. 하지만 그건 그 사람 사정일 뿐이다.

업무용 메일에서는 더러 그럴 수도 있겠지만, 상대가 꼭 읽어주길 바라는 글이라면 상투적인 어구는 사용하지 말아야 한다. 그다음을 읽지 않을 가능성이 크기 때문이다. 재미있는 글감을 모아놓고도 상투적인 어구를 사용하는 바람에 읽히지 않는 글이 되고 만다면 너무 안타까운 일이다.

또 독자가 공감하지 못할 서두나 반감을 살 만한 서두도 피하는 것이 좋다.

서두의 역할은 다음 이야기를 읽고 싶게 만드는 것

나는 주로 도입 부분에 가장 공감할 수 있는 글감, 인상적인 글감, 마음에 드는 글감을 배치한다. 고개를 끄덕이거나 무릎을 칠 만한 내용을 서두에 담는다. 다음 이야기를 읽고 싶게 만들기 위해서다.

183페이지('라이잡의 다이어트 성공 비결은 무엇일까?')에서 소개하는 라이잡 기사를 예로 들 수 있다. 라이잡은 다이어트 프로그램 전문 회사다. 그 기사의 서두에서는 다음과 같이 공감을 노렸다.

하루가 멀다고 소개되는 탤런트, 아이돌, 경제 평론가 등의 충격적인 비포-애프터 모습에 놀란 이들이 적지 않을 것이다. 라이잡의 텔레비전 광고 시리즈 이야기다.

어떻게 저렇게 살이 빠졌을까? 뭔가 특별한 것을 한 게 아닐까? 식사는 제대로 할까? 저렇게 살이 빠져도 몸에 이상이 없을까? 그런 생각을 하기도 한다. 나 역시 그렇게 생각했다.

서두만큼은 소설가나 프로 작가 흉내를 내도 좋다

업무용 글을 쓸 때는 소설가나 프로 작가의 글을 흉내 내서는 안 된다고 했지만, 서두만큼은 참고로 해도 좋다.

나는 젊은 시절에 사와키 고타로 등 저명한 논픽션 작가의 문장을 연구했다.

- 어떻게 이야기를 시작할까?
- 어떻게 인터뷰 원고를 쓸까?

프로 작가도 서두에 공들이는 사람이 많아 배울 점이 많다. 그들은 절대 '나는' 같은 평범한 서두로 시작하지 않는다. 놀랄 만큼 의외의 이야기로 글문을 연다. 또는 독자가 공감할 만한 글감이나 충격적인 사실부터 넣는다.

맺는 글의 글감도 따로 준비해둔다

또 한 가지 중요한 것은 글의 마지막, 이른바 맺는 글이다. 글의 목적은 '독자에게 어떤 느낌을 갖게 하느냐'에 있다. 맺는 글은 책을 읽은 후의 느낌, 즉 독후감과 직결되므로 여기에도 주의를 기울여야 한다.

서두와 다른 점은 의외성이나 충격을 중시할 필요가 없다는 것이다. 그때까지의 흐름을 뒤엎는 반전을 제시할 필요도 없다.

맺는 글에는 기본적으로 결론이나 정리를 쓰면 된다. 글감을 바탕으로 지금까지 써온 본문의 내용과 어긋나지 않고, 재차 확인하듯 결론을 쓰면 읽은 후의 느낌을 해치지 않는다.

나는 목적과 독자를 구체화하여 글감을 모으고 정리하는 단계부터 서두와 맺는 글을 의식한다. 결말이 정해져 있으면 글감의 구성도 수월하게 정해지므로, 글감을 정리하는 단계에서 서두와 맺는 글에 어울리는 글감을 생각해둔다. '이 글감은 서두에서 독자의 흥미를 끌어내기에 안성맞춤이다', '맺는 글에는 이 글감을 쓰면 깊은 인상을 줄 수 있다'처럼 배치한다.

글이 절로 써지는 습관: 글감 구성

· 모은 글감을 눈에 보이는 형태로 정리해둔다.

· 눈앞의 독자에게 이야기하듯 글감의 순서를 정한다.

· 서두에 상투적인 어구는 쓰지 않는다.

· 서두에는 다음 이야기를 읽고 싶게 해주는 내용을 쓴다.

· 맺는 글은 정리한다는 느낌으로 쓴다.

단번에 써 내려가는 법

글감이 모이면
초고속으로 쓴다

글감을 준비하고 어떻게 구성할지 정했으면 다음은 드디어 쓰는 단계다.

이 단계에서 주의해야 할 점은 글감만 모이면 되도록 빨리 써야 한다는 것이다. 출판 업계에서는 마감까지 여유가 있으니 천천히 해도 된다는 사람도 있는데, 나는 그렇지 않다. 취재를 마치고 글감이 갖춰지면 마감까지 꽤 여유가 있더라도 빨리 쓴다.

여기에는 이유가 있다.

빨리 쓰면 마감을 확실히 지킬 수 있다

빨리 쓰는 최대의 이점은 마감을 확실히 지킬 수 있다는 것이다. 마감까지 여유롭더라도 도중에 몸이 아프거나 예상치 못한 일이 생겨 일정이 꼬일 수도 있다. 그러니 손을 댈 수 있는 상황이라면 주저 없이 글쓰기에 돌입한다. 내가 프리랜서가 되고 나서 20년 이상 한 번도 마감을 어긴 적이 없는 가장 큰 이유는 빨리 일에 착수하기 때문이다.

마감에 쫓기지 않으면 정신적으로 굉장히 여유로워진다. 하기 싫은데 억지로 해야 하거나, 마감은 가까워지는데 계속 미루다가 막다른 곳에 내몰리는 스트레스를 겪을 일이 없다.

일찌감치 원고를 얼추 정리해놓으면 마감까지 어떻게 할지 스스로 조절할 수 있다. 많은 일을 안고 있어도 당황하거나 초조해하지 않고 차분하게 다른 일을 할 수 있다.

초고속으로
끝까지 쓰는 요령

빨리 단번에 써 내려가고 싶을 때 핵심은 처음부터 완벽한 결과물을 목표로 하지 않는 것이다.

완벽주의가 속도를 떨어뜨린다

처음부터 완벽한 글을 쓰려고 하면 '더 적절한 표현이 있지 않을까?', '이 글감은 조금 약한 것 같아' 하면서 몇 번이고 멈칫거리게 된다. 이것이 글 쓰는 속도를 현격히 떨어뜨린다.

물론 최종적으로는 완벽하게 마무리해야 하겠지만, 처음부터 완벽을 목표로 하지 않는 것이 좋다. 나는 이것을 '얼추 쓰기'라고 표현한다. 물론 글감을 모아두고 어떤 순서로 글을 쓸지 구성한 다음에 펜을 드는 게 대전제이지만, 실제로 쓰는 단계에 들어가서는 세세한 부분에 사로잡히지 않아야 한다.

한창 쓰는 중에 숫자를 확인해야 하거나, 정확한 이름을 조사해야 할 상황이 생겨도 나는 절대 펜을 멈추지 않는다. '●'나 '★' 등을 넣어 표시한 후 나중에 조사하기로 하고 건너뛴다.

어떻게든 끝까지 써 내려간다. 나에게는 쓰다가 자꾸 멈추면 단번에 술술 읽히지 않는 글이 되는 징크스가 있다. 그래서 매번 의식적으로 단번에 써 내려간다.

많이 쓰고 나중에 줄인다

글의 분량도 개의치 않는다. 2,000자로 지정된 글을 3,000자로 써도 괜찮다. 글감을 모을 때와 똑같다. 많이 쓰고 나서 나중에 줄이는 편이 진도가 잘 나가고 결과적으로 빨리 쓰게 된다.

처음에는 오탈자도 신경 쓰지 않고 단번에 쓴다. 글감이 갖춰졌으니 어떻게든 끝까지 써 내려간다. 나는 보통 4~5일에 한 권의 책을 쓰는데, 이는 급하게 완성 원고를 만들지 않기 때문에 가능한 일이다. 물론 퇴고를 전제로 한다.

쓰는 시간을 가능한 한 단축하려면 실제 글쓰기에 돌입

한 후에는 고민하지 말아야 한다. 얼마나 막힘없이 달릴 수 있느냐가 완성까지의 속도를 크게 좌우한다.

읽기 쉬운 글을 쓰는
일곱 가지 포인트

오랫동안 글 쓰는 일을 하며 많은 글을 접했다. 그 과정에서 '이런 점에 주의하면 더 읽기 쉬운 글이 되겠다'라는 생각에 실천해온 일곱 가지 습관이 있다.

① 한 문장을 짧게 쓴다.

먼저 한 문장을 짧게 쓴다. 기본적으로 한 문장은 짧다. 길어봤자 60자 정도다. 너무 길면 접속사를 사용하여 2개의 문장으로 나눈다. 한 문장을 짧게 하는 이유는, 문장이 짧으면 글에 리듬이 생겨 다음 문장으로 자연스럽게 이어지기 때문이다. 한 문장이 너무 길면 도중에 말이 꼬이고 논점이 흐려져 가독성이 떨어진다.

② 술술 읽히는 리듬을 만든다.

문장에 '~다'와 '~까'를 적절히 섞어 리듬을 만든다. 또 '이런 식으로 하면 잘 할 수 있다', '이렇게 하면 충분히 가

142

능하다'와 같이 비슷한 의미의 문구에 조금씩 변화를 준다. 리듬을 만든다는 의미에서 이 방법은 매우 효과적이다.

③ 괄호를 사용하여 강조한다.

괄호는 뭔가를 강조하고 싶을 때나 본래의 의미와 조금 다른 의미를 나타낼 때도 활용할 수 있다. 어떤 문장에 '( )'가 들어 있으면 '왜 저런 표시를 해놓았을까?' 하고 읽는 사람의 주의를 끌 수 있다.

④ 순접 접속사를 사용하지 않는다.

나는 웬만해선 순접 접속사를 사용하지 않는다. '그리고', '또한', '그러니까' 같은 순접 접속사는 문장을 장황하게 만든다. 넣지 않아도 의미가 통하고 잘 읽힌다면 넣지 않는 편이 낫다.

⑤ 역접 접속사로 전개를 암시한다.

순접 접속사를 사용하지 않는 반면 '그러나', '하지만', '그런데' 같은 역접 접속사는 많이 사용한다. 논리가 펼쳐지면 문장에 리듬이 생긴다. 역접 접속사가 너무 많아도 읽기 어렵지만, 역접 부분이 강조되어 깊은 인상을 줄 수 있다. 때로는 하나의 말을 강조하기 위해 일부러 정반대의 내용을 앞으로 가져와 역접 접속사로 강조하기도 한다.

　⑥ 어려운 말은 풀어 쓴다.

　가능한 한 쉽고 잘 이해할 수 있는 말을 사용한다. 어려운 한자어나 생소한 말을 취재 중에 들었거나 자료로 발췌했을 때는 쉬운 말로 풀어 쓴다.

　⑦ 독자를 항상 의식한다.

　읽는 사람이 읽어서 의아해할 내용이나 논리, 전개를 항상 의식한다. 안 그러면 쓰는 사람의 독선적인 글이 될 수밖에 없다. 구체적인 체크포인트는 다음 장에서 자세히 설명하겠다.

좋은 주간지는
최고의 글쓰기 교과서

"좋은 글을 쓰고 싶은데 어떻게 하면 될까요?"라는 상담을 종종 받는다. 그런데 "당신이 생각하는 좋은 글이란 어떤 글인가요?"라고 되물으면 답하지 못하는 사람이 많다. 스스로 좋은 글을 정의하지 않고서는 좋은 글을 목표로 할 수 없다.

앞에서 말했듯이, 나는 글 쓰는 법을 배운 적도 글쓰기 노하우 책을 읽은 적도 없다. 내가 사용한 방법은 오직 하나, '이런 글을 쓸 수 있게 되면 좋겠다'라고 느낀 주간지를 25년 이상 쭉 읽어온 것뿐이다.

바로, 아사히신문출판이 매주 발행하는 〈AERA〉다.

20대 때, 좋은 글을 쓰지 못해 고민하다가 글쓰기 교재를 찾아야 한다는 생각을 하게 됐다. 곧장 서점에 가서 수많은 책과 잡지를 읽어가며 비교한 끝에 최종적으로 〈AERA〉를 선택했다.

내용이 아주 이해하기 쉬워서였다. 지적인 분위기가 풍

기면서도 딱딱하지 않은 문체가 마음에 들었다. 문장부호의 위치도 읽는 데 전혀 방해가 되지 않았다. 한 문장의 길이도 짧아 리듬감도 좋았다.

종합주간지는 장시간 계속 구독할 수 있다는 점에서도 안성맞춤이다. 매주 다른 내용으로, 정치·경제부터 문화·예술에 이르기까지 폭넓은 기사가 실린다. 페이지 수도 적당하여 모든 기사를 꼼꼼히 훑을 수 있다. 몇 년 동안 매주 읽다 보니 〈AERA〉의 문체가 내 몸에 밴 듯하다. 그와 함께 이야기하듯 써야 한다는 깨달음이 더해져 나 나름의 문장 스타일이 정착됐다.

당연하지만 〈AERA〉가 모든 사람에게 가장 좋은 교재가 되리라고는 말할 수 없다. 중요한 것은 어딘가에서 들은 문장의 형식에 자신의 문장을 무리하게 끼워 맞출 게 아니라 자기가 봤을 때 이해하기 쉽고 술술 읽히는 문장을 찾는 것이다.

그리고 왜 읽기 쉬운지, 어떤 문장이 이해하기 쉬운지 생각하면서 계속 읽어나간다. 양질의 종합주간지는 많은 편집자와 교정자의 눈을 거쳐 세상에 나온다. 절대 남에게 보여주고 싶지 않은 형편없는 글을 쓰고 싶지 않다면, 종합주간지를 글쓰기 교재로 삼기 바란다. 충분히 제 역할을 할 것이다.

편집자가 프로 작가의 글을 수정할 수 있는 이유

출판사 편집자는 저자의 글을 잘 읽은 다음, 독자에게 좀 더 쉽게 다가갈 수 있도록 저자에게 수정을 의뢰하거나 직접 문장을 고치기도 한다.

하지만 편집자 중에는 글쓰기를 전문적으로 배우지 않은 사람도 많다. 내가 아는 편집자만 해도 법학부, 경제학부, 공학부 출신 등 다양하다.

글을 전문적으로 배우지도 않았는데 어떻게 전문 작가의 글에 손을 댈 수 있을까? 내가 만나본 모든 편집자에게 공통되는 사항은 업무적으로나 개인적으로나 엄청난 양의 글을 읽는다는 것이다. 그 결과, 특별히 배운 적이 없음에도 글의 프로가 됐다.

양질의 글을 계속 읽는 것은 쓰는 힘으로 이어진다. 편집자의 문장력이 그것을 증명한다.

글이 절로 써지는 습관: 집필

· 많이 쓰고 나중에 줄이는 것이 기본이다.

· 목적과 독자를 눈에 보이는 형태로 써둔다.

· 한번 쓰기 시작하면 멈추지 않고 끝까지 쓴다.

· 조사가 필요한 부분은 표시를 해둔 후 나중에 처리한다.

· 쓰는 동안에는 전체 분량은 신경 쓰지 않는다.

· 읽기 쉬운 글을 쓴다.

· 문장력을 키우기 위해 알기 쉽게 쓴 글을 꾸준히 읽는다.

누구나
읽기 쉽게
퇴고하는 법

다 썼더라도
그대로 제출해서는 안 된다

독자와 목적을 정한다, 글감을 정한다, 글감을 구성한다, 단번에 쓴다.

여기까지 순조롭게 진행됐다면, 글쓰기의 마지막 단계는 문장을 재점검하는 것이다. 이른바 '퇴고'라고 불리는 작업이다. 재점검하여 적확하게 수정하면 한결 매끄럽고 읽기 쉬운 문장이 된다.

독자의 시점에서 수정할 때 두 가지 효과

글감을 모아 구성하면 최대한 쉽고 빨리 쓸 수 있다고 했는데, 빨리 쓰는 것의 이점으로는 지금까지 이야기한 것 외에 또 한 가지가 있다. 바로, 글을 재울 수 있다는 점이다.

글을 쓸 때 사람은 더없이 열정적이 된다.

'이건 정말 재미있어. 독자도 분명 그렇게 생각할 거야.'

그런 생각이 강하면 강할수록 냉정함을 잃게 된다. 그런데 전날 써놓은 글을 읽고 왠지 낯간지럽거나 겸연쩍었던 경험은 없는가? 이럴 때는 약간 시차를 둠으로써 객관적인 시점을 얻을 수 있다. 처음 읽는 사람의 시점에서 냉정하게 수정할 수 있다. 하지만 마감을 코앞에 두고 쓴 글이라면 시간을 들여 재워둘 수가 없기에 독자의 자세로 읽을 여유가 없다.

그래서 나의 메모장 '초안 폴더'에는 글감 초고와는 별개로 다 써놓고 퇴고를 기다리는 원고가 잔뜩 쌓여 있다. 언제 어디서든 자투리 시간을 활용하여 퇴고할 만반의 준비를 해놓았다. 마감까지 '이 글감을 넣으면 괜찮겠다', '이 부분을 강조하면 인상 깊을 거야' 같은 아이디어를 수시로 떠올리면서 보완한다. 그러면 당연히 글의 질이 높아진다.

커피만 마셔도 냉정한 관점을 되찾을 수 있다

중요한 메일은 한밤중에 보내면 안 된다고 흔히 말한다. 아침이 되면 전날 밤보다 냉정해질 수 있기 때문이다.

중요한 메일을 보낼 때의 상황을 떠올려보자. 신규 고객에게 보낼 인사 메일, 어려운 부탁이나 실수 후의 사과 메일 등이 있다.

업무상 메일도 재점검은 필요하지만, 메일에 감정이 실리다 보면 아무래도 쓰는 사람은 저자세가 되기 쉽다. 화면을 몇 번이나 스크롤해야 할 만큼 문장이 길어지거나 자신의 생각이 너무 전면에 부각돼 상대에 대한 배려가 부족해질 가능성도 다분하다. 그러므로 중요한 메일은 쓰고 나서 일정 시간 재우고, 머리를 식힌 후 퇴고해서 보내야 한다.

기획서나 제안서도 마찬가지다. 의욕이 용솟음치는 열정적인 기획서도 좋지만, 지나치게 독선적이라는 인상을 주면 읽는 사람이 곱지 않게 볼 수 있다. 그것을 체크하기 위해서라도 재우고 퇴고해서 보낸다. 짧게는 하루면 된다.

마감이 코앞이거나, 지금부터 한 시간 후에 보내야 할 경우에도 최대한 재우는 시간을 만든다. 아주 잠깐이라도 좋으니 잠시 다른 일을 해본다. 또는 자리를 벗어나 화장실에 가거나 커피를 사러 간다. 글을 쓰는 장소에서 물리적인 거리를 두기만 해도 냉정한 시선을 되찾을 수 있다.

전체에서 부분으로
초점을 옮겨가며 수정한다

글을 퇴고하는 방법을 구체적으로 살펴보자.

퇴고의 사전적 의미는 '글을 지을 때 여러 번 생각하여 고치고 다듬음'이다. 여러 번 생각하여 고치고 다듬으니 시간도 걸리고 꼼꼼함을 필요로 하는 작업이라고 생각하기 쉽지만, 이 책에서는 시간을 들이지 않고 효과적이면서도 적확하게 퇴고하는 방법을 전한다.

나의 퇴고 방법에서 핵심은 두 가지다.

- 첫째, 읽기 쉬울 것
- 둘째, 이해하기 쉬울 것

처음에는 큰 논리와 글감 배치가 적절한지 확인한다

첫 번째 퇴고는 다음의 체크포인트를 활요해 각 항목을

확인한다.

- 논리에 맞지 않는 부분은 없는가?
- 설득력이 부족한 부분은 없는가?
- 문맥에 따라 적절한 글감을 선택했는가?
- 막히는 곳 없이 술술 읽히는가?
- 내용이 중복되지는 않는가?

처음에는 실제로 수정을 가하지 않는 것이 핵심이다. 일단 문제점을 전부 끄집어낼 뿐이다. 앞 단계에게 끝까지 쓰는 걸 목표로 속도에만 집중해 얼추 썼기 때문에 앞뒤가 맞지 않거나 리듬이 떨어지거나 실수가 있는 게 당연하다. 그런 점이 너무 거슬려 수정하고 싶겠지만, 사소한 부분에 시선을 빼앗기면 전체 흐름을 읽지 못하게 된다.

주의할 점은 첫 퇴고가 독자의 시점에 가장 가까운 시점이라는 것이다. 여러 번 퇴고할수록 전체 인상을 파악하는 시점을 서서히 잃게 된다. 따라서 먼저 전체적으로 정리되어 있는지, 단번에 읽을 수 있는지를 최우선으로 확인한다.

그런 다음, 긴 문장은 좀 더 세세한 부분으로 시점을 좁히고 단락별로 나누어 흐름을 살핀다. 단락 중에 논리 전개가 이상하거나 무리한 부분은 없는지 확인한다.

부족한 설명을 채우고 거부감을 일으키는 부분은 없앤다

그러고 난 다음 한 문장, 한 문장을 세밀하게 확인한다.

- 의미가 불분명하거나 설명이 부족한 부분은 없는가?
- 문장에 등장하는 관계자나 독자에게 실례가 되는 표현은 없는가?
- 거부감을 불러일으키지는 않는가?
- 숨 막히게 하지는 않는가, 초조하게 하지는 않는가?

글감이 제대로 전달되는가 외에 중요한 것은 독자에게 불쾌감을 주지 않는 것이다. 내용의 정당함을 우선할 경우 독자가 불쾌감을 느낄 수밖에 없다면, 나는 독자의 불쾌감을 없애는 것을 우선한다.

어미만 보면서 리듬을 만들어간다

막힘없이 술술 읽히는 글에는 리듬이 있다.

문장의 리듬은 쓰는 사람의 독특한 단어 사용법과도 연관이 있으므로, 굳이 자신의 문장에 억지로 리듬을 더할 필요는 없다. 단, 리듬이 나쁘다고 느껴지는 글은 대부분 어딘가에 원인이 있다.

- '~다'와 '~까'를 어느 정도 섞을 것인가.
- 대화체와 서술문을 어느 정도 비율로 할 것인가.

이런 시점으로 한 문장 한 문장의 어미만 보고 읽기 쉽게 조절해가면 적어도 나쁜 리듬은 피할 수 있다.

그래도 리듬이 나쁘다면, 비슷한 내용을 반복한 부분을 삭제하거나 지시어와 순접 접속사의 양을 조절해 리듬에 변화를 줄 수 있다.

분량 조절은 종반에 하는 것이 효과적이다

여기까지 끝냈다면 분량 조절로 들어간다. 처음에 쓴 글은 단번에 썼기 때문에 의뢰받은 글자 수에 딱 들어맞는 경우가 드물다. 특히 글감이 충분할 때는 분량이 넘치기 쉽다. 그러므로 어느 시점에서는 분량을 조절해주어야 한다.

다른 부분까지 모두 체크하고 나서 분량을 조절하려 하면, 지금까지 애쓴 것이 아까워서 손을 대기가 어려워진다. 또 어떤 부분을 없애고자 할 때는 다른 부분까지 조정해야 할 수도 있으므로 시간이 허비된다. 문장 줄이는 법은 204페이지('바르게 분량 줄이는 법')에서 구체적으로 소개하겠다.

분량을 맞췄으면 마지막으로 오탈자를 확인한다. 오탈자 확인은 기본 중의 기본이다. 특히 비즈니스에서는 오탈자가 치명적인 결과를 가져올 수도 있다. 그래서 나는 마지막의 마지막까지 오탈자를 확인한다.

지금까지 설명한 대로, 큰 시점에서 작은 시점으로 퇴고 포인트를 좁혀가면 시간 낭비 없이 퇴고를 마칠 수 있다. 전체 논리 구성을 변경하거나 글감을 대폭 변경하는 것 같은 큰 공사는 시간이 걸리지만, 오탈자나 어미 변경 같은 작은 수정은 5분이면 끝난다.

큰 시점에서 작은 시점으로 옮겨가는 것이 퇴고를 가장 효율적으로, 그리고 빨리 끝내는 방법이다.

마감까지 시간이 충분하여 시간을 두고 두세 번에 걸쳐 퇴고하면, 좀 더 객관적이고 냉정한 관점에서 문장을 확인할 수 있다.

알기 쉽게 썼는지
확인하는 방법

이 책이 목표로 하는 것은 술술 읽혀 독자에게 도움이 되는 글을 쓰는 것이다. 그러므로 퇴고 과정에서 가장 중요한 것은 알기 쉽게 썼는지 확인하는 것이다.

어떻게 해야 알기 쉽게 쓰였는지 확인할 수 있을까?

쓰는 사람이 잘 모르는 것은 읽는 사람에게 절대 전달되지 않는다

쓰는 사람이 제대로 이해하지 못한 글, 안다고 착각하고 쓴 글은 독자도 당연히 이해하지 못한다. 그런데도 쓰는 사람은 무심코 그런 글을 쓴다.

- 들은 이야기를 고민 없이 그대로 쓴다.
- 자료에 있는 내용을 그대로 복사해 넣는다.

- 알 듯 말 듯 모호한 말이나 관용구를 사용한다.
- 전문용어를 설명 없이 사용한다.

카피라이터로서 구인광고를 담당하던 시절, 광고란이 넓으면 어떻게든 채워야 한다는 강박관념이 있었다. 그래서 내가 고안해낸 방법은 기존의 정보를 활용하여 글자 수를 늘리는 것이었다.

회사 안내문에 나와 있는 사업 관련 기술이나 데이터를 집어 넣어 글자 수를 늘린 것이다.

어느 날, 그렇게 데이터를 가져다 쓴 나의 광고 카피를 보고 상사가 "우에사카는 문장이 딱딱해"라고 말했다. 나는 그 말을 '제대로 된 문장'이라는 의미의 칭찬으로 받아들였다.

하지만 그건 나의 착각이었다. 독자가 문장을 딱딱하다고 느낀다는 건 의미를 잘 모르겠다는 얘기다. 그리고 내가 쓴 문장이 딱딱했던 이유는 내가 제대로 이해하지 못해서였다.

프리랜서가 되고 나서도 그랬다. 완성한 문장을 다시 읽을 때, 술술 읽히다가 조금 걸리는 부분은 두세 번 읽어도 머리에 바로 들어오지 않았다. 여러 번 읽다 보면 의미가 통하는 것 같아 '별문제 없겠지' 하고 그대로 제출했다. 그런데 어떻게 알았는지 편집자는 그 문장을 정확하게 꼬집어

냈다.

그 경험으로 나는 적어도 내가 읽어서 잘 이해되지 않는 문장은 절대 그대로 제출해서는 안 된다는 것을 배웠다.

읽는 사람은 아무것도 모른다고 전제한다

쉬운 글인지를 판단하는 한 가지 기준이 있다. 아무것도 모르는 사람이 읽는다는 점을 전제로 하고 있는지 보는 것이다.

프리랜서가 되고 몇 년이 지난 무렵의 일이다. 테크놀로지 관련 구인광고와 기사를 쓰고 있던 때인데 유명 과학자의 인터뷰 연재를 의뢰받았다. 〈Tech총연(總研)〉의 '우리는 크레이지☆엔지니어'라는 연재였다. 이 연재는 지금도 인터넷에 게재되어 있는데 당시에는 폭발적인 조회 수를 기록하며 큰 인기를 끌었다.

나는 산카이 요시유키(사이버다인 사장), 이시구로 히로시(오사카대학 교수), 이시이 유(MIT 교수) 등 최첨단 과학 영역에서 눈부신 연구 실적을 올린 인물들을 취재했다.

당시 그들의 연구에 관해 알기 쉽게 쓴 기사는 거의 없었다. 취재에 가기 전 자료를 찾느라 애를 먹었던 터라 또렷이 기억이 난다. 나는 철저히 문과 성향이다. 과학에 대해선 완전 문외한이다. 그런데 어떻게 과학자들의 인터뷰를 무리 없이 진행하고, 독자들의 전폭적인 지지를 얻었을까?

먼저 인터뷰를 할 때 나는 시종일관 '죄송합니다, 문과 출신이라 과학에 무지합니다'라는 자세로 임했다. 실제로 잘 몰랐고 이해할 수 있는 자료도 많지 않았다. 그래서 무조건 기초부터 가르쳐달라고 했다.

독자의 지지를 얻었던 것 역시 '독자도 모르는 게 많을 것'이라는 가설에서 출발했기 때문이다. 〈Tech총연〉의 독자는 이과 출신이 대부분을 차지하지만, 나는 많은 연구자의 인터뷰를 계기로 이과 출신이라고 일률적으로 판단해서는 안 된다는 사실을 깨달았다.

전공이 다르면 지식수준도 다르다. 전기 관련 전공자는 전기 분야에서는 아는 게 많지만 기계 쪽은 잘 모를 수 있다. 물리 전공자는 물리는 잘 알지만, 생물에는 문외한일 수 있다. 그래서 기사를 쓸 때는 아무것도 모르는 수준의 사람이 읽는다고 가정했다.

덧붙이자면, 내가 만난 전문가들은 어려운 것을 어렵게 가르칠 수도 있지만 어려운 것을 정말 쉽게도 가르칠 수 있는 사람들이었다. 그러기에 '초일류'라고 불리는 듯하다.

전문용어는 반드시 풀어 쓴다

또 한 가지, 글을 쓸 때 주의할 점은 전문용어를 그대로 사용하지 않는 것이다. 자신이 글을 쓸 때 의미를 조사해야 할 만큼 낯선 용어라면 그 글을 처음 읽는 사람도 의미를 잘 모를 가능성이 있다.

최근 몇 년 새 기업에서 부쩍 많이 사용하게 된 용어로 PDCA(Plan-Do-Check-Act), 에비던스(evidence), 컨버전스(convergence), KPI(Key Performance Indicator), 얼라이언스(alliance) 같은 말이 있다. 물론 그 의미를 완벽하게 알고 있는 사람도 있을 것이다. 하지만 모두가 그렇지는 않다.

글을 읽다가 갑자기 의미를 모르는 전문용어가 나오면 읽기 싫어진다는 사람도 있다. 그게 아니더라도 아직 일반화되지 않은 용어는 간단히나마 설명을 덧붙여주는 것이 글쓴이의 예의라 할 수 있다. 예를 들어, 'KPI는 Key Performance Indicator(핵심성과지표)의 약자로 기업의 목표나 사업 전략을 실현하기 위해 설정한 업무 프로세스가 구체적으로 어느 정도 실행되고 있는지의 평가 기준을 나타내는 말'이라고 설명을 덧붙이면 된다. 그러면 이 글을 쓴 사람이 읽는 사람을 배려하고 있다는 마음이 전해진다.

전문 영역의 사람에게 전문적인 이야기를 하는 글이라면

사정이 다르겠지만, 그렇지 않은 경우에는 알기 쉽고 정중하게 써야 한다. '이 정도면 독자도 알겠지' 하고 넘겨짚은 것도 좋은 태도가 아니다. 바꾸어 말하면, 전문가 대상의 글이 아닐 때 알기 쉽게 쓰인 글은 큰 무기가 된다는 뜻이다.

형용사는
구체적으로 표현한다

초등학생의 작문이 유치하게 느껴지는 이유는 뭘까? 문장력이 미숙하기 때문이다. 어쩌면 당연한 이야기지만, 문장이 유치한 이유를 더 명확히 설명해보겠다.

- 오늘 소풍에서 짝과 함께 도시락을 먹었는데 웃겼다.
- 날씨가 좋아 수영을 해서 좋았다.
- 공예 시간에 종이 로봇을 만들어 재미있었다.

어떤가, 유치하게 느껴지지 않는가? 유치함의 원인이 되는 문구는 '웃겼다', '좋았다', '재미있었다'이고 모두 형용사라는 공통점이 있다.

형용사는 대부분 글 쓴 사람이 경험을 통해 얻은 감동의 표현이다. 하지만 글을 읽는 사람은 글을 쓴 사람과 똑같은 경험을 하지 않았다. 따라서 형용사만 써서는 그 감동이 제대로 전달되지 않는다. 왜 웃겼는지, 왜 좋았는지, 왜 재미

있었는지 그 이유를 써야 한다. 즉 글감을 써야 한다.

- 김밥이 잔디밭으로 또르르 굴러갔다. 웃겼다.
- 감기로 며칠째 꼼짝 못 하다가 올해 처음 풀에 들어갔다. 선선해서 기분이 좋았다.
- 공예 시간에 내가 만든 로봇과 짝이 만든 로봇을 싸우게 했는데 내가 지고 말았다. 하지만 재미있었다.

이처럼 형용사를 구체적으로 표현하기만 해도 훨씬 매끄러운 문장이 된다. 글감을 써야 비로소 읽는 사람이 왜 웃겼는지, 왜 좋았는지, 왜 재미있었는지를 알 수 있다. 앞에서 소개한, '좋은 회사'가 어떤 회사인지 전달되지 않는 이유도 같은 맥락이다.

형용사를 글감으로 바꾸어간다

나는 글을 쓸 때 되도록 형용사를 사용하지 않으려고 노력한다. 형용사를 사용하여 글을 쓰려고 하면 이중적인 의미에서 속도가 떨어지기 때문이다. 나의 의도가 제대로 전달되지도 않을뿐더러 적절한 형용사가 떠오르지 않을 때가 있다는 얘기다.

글을 쓸 때 시간이 걸리는 이유는 형용사로 표현하려고 머리를 쓰기 때문이다. 그래서 점차 글쓰기를 싫어하게 되는 것이다.

'재치 있고 세련된 말이 없을까!'
'잘 표현할 수 있는 형용사를 떠올려보자!'

이렇게 머리를 써보지만 딱 들어맞는 표현이 떠오르는 일은 극히 드물다. 결과적으로, 고민에 빠지고 역시 글은 어렵다는 생각만 굳어진다. 그렇게 되면 당연히 속도도 떨어진다. 하지만 형용사를 사용하지 않겠다고 정한 순간, 필연적으로 의식은 글감으로 향한다. 형용사의 내용을 써야만 하기 때문이다.

예를 들어 엄청 추운 상황에서 '엄청 추웠다'라는 표현을 사용하지 않고 뜻을 전하려면 어떻게 할 수 있을까?

· 온도계가 영하 10도를 가리키고 있었다.
· 장갑을 껴도 손이 곱을 정도였다.
· 창밖을 보니 처마 밑에 20센티미터나 되는 고드름이 늘어져 있었다.

이 문장들은 모두 글감을 나열하고 사실을 묘사했을 뿐이다. 그렇지만 '엄청 추웠다'와 비교할 때 얼마나 추웠는지를 더 구체적으로 떠올리게 해준다.

당신이 쓴 글에 형용사가 많다면 형용사를 글감으로 바꾸어보자. 반복하지만 글감은 '독자적 사실, 숫자, 에피소드'다.

글이 절로 써지는 습관: 퇴고

· 처음 쓴 글은 절대 그대로 제출하지 않는다.

· 큰 논리와 글감이 적재적소에 놓여 있는지 확인한다.

· 설명이 부족한 부분이나 과한 부분이 없는지 확인하고, 분량을 조절한다.

· 어미만 보고 문장의 리듬을 정리하고, 오탈자를 확인한다.

· 자신이 정확하게 이해하지 못했다면 글로 써선 안 된다.

· 그 분야에 대해 전혀 모르는 사람을 대상으로 전문용어나 의미가 불분명한 말은 풀어서 쓴다.

· 의미가 불분명한 형용사는 글감으로 바꾸어 쓴다.

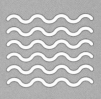

사례로
터득하는
글쓰기

글감 구성 방법 ①
800자 문장

먼저 어떻게 글감을 구성해갈지 분량에 따른 구체적인 예를 소개한다.

짧은 글이라면 구성에 별로 구애받지 않는다. 그런데 대략 800자를 넘어가면 구성력, 즉 글감을 어떻게 나열하느냐가 알기 쉬운 글이냐 아니냐에 큰 영향을 끼친다.

800자 문장부터 살펴보자. 내가 과거에 썼던 800자 정도의 기사를 예로 들고자 한다. 무가지의 선두 격으로 한때 발행부수 60만 부를 자랑하던 리크루트의 〈R25〉에 기고했던 글이다.

주제는 '인구 감소로 일본은 어떻게 될 것인가?'다.

독자는 미래를 불안해하는 20대 직장인이다. 목적은 '인구 감소에 위기감을 갖게 하느냐, 미래에 가능성을 느끼게 하느냐'에 따라 달라진다. 어떻게 결론을 맺을지에 따라 당연히 글감도 달라진다. 당시의 결론은 후자였다.

그렇다면 인구 감소를 어떻게 '미래의 가능성'이라는 한

마디로 정의할 것인가. 나는 다음과 같은 글감을 준비했다.

최초의 글감
- '일본의 인구 자연 감소'라는 뉴스가 나와 사회에 충격을 안겼다.
- 저출산 고령화는 일본에 비관적인 미래를 초래한다는 예측이 대두됐다.
- 노동인구가 감소한다, 경제 성장률도 떨어진다, 사회보장비가 팽창한다, 현역 세대의 부담이 커진다, 세수도 늘지 않는다 등의 말이 나오고 있다.
- 하지만 저출산 고령화를 두려워만 해서는 미래로 나아갈 수 없다.

이 글감으로 눈앞의 20대에게 메시지를 전달해야 한다면 어떤 식으로 이야기할지 생각한다. "비관적이어서는 안 됩니다. 미래를 긍정적으로 생각해야 해요"라고 결론부터 말해봤자 젊은이들이 공감할 리 만무하다. "일반적으로 그렇게 말하지만, 이런 사고방식도 있습니다"라고 말해야 어느 정도 이해할 것이다.

독자와 목적 그리고 기존의 글감을 활용하여 '이런 흐름으로 결론까지 가면 되겠다'라는 가설을 세운다.

가설의 구성

· 인구 자연 감소는 충격이다.

· 저출산 고령화로 '앞으로 이렇게 될 것이다'라는 말이 있다.

· 하지만 전제가 바뀌면 결론도 바뀐다.

· 예를 들어, 생산성이 오르면 인구가 줄어도 경제 성장률은 유지할 수 있다.

· 그러니 마냥 비관적이어서도 안 되며 미래를 긍정적으로 생각해야 한다.

상대에게 전달되기 쉽게 가설을 세워본 결과, 추가로 글감이 필요함을 알 게 됐다. 그래서 다음과 같이 새로운 글감을 모았다.

· 데이터는 주의 깊게 봐야 한다(예전에 취재한 대학교수의 말).

· 인구가 줄면 정말 경제 성장률이 떨어질까?

· 생산성을 높이면 경제 성장률은 떨어지지 않는다.

· 과거 50년간 인구는 1.4배 늘었지만, 1인당 GDP는 7.3배 늘었다.

· 인구의 증가 이상으로 GDP가 증가한 것은 1인당 GDP가 높아졌기 때문이다.

실제 기사는 이렇게 정리했다.

R25 세대가 분발하면 된다? 인구 감소로 일본은 오히려 풍요로워진다?

· 독자: 미래를 불안해하는 20대 직장인

· 진짜 목적: 인구 감소라는 상황에서도 미래에 가능성을 느끼게 하는 것

지난 연말에 보도된 일본의 인구 자연 감소라는 뉴스에 충격을 받았다는 소리가 적지 않다. 신생아보다 사망자가 많아진 일본, 나라가 쇠퇴한다는 느낌이 든다. 저출산·고령화라는 말로는 느낄 수 없었던 심각함이 와닿은 뉴스였다.

최근 몇 년 새 저출산·고령화 문제와 관련하여 일본의 미래에 경종이 울리기 시작했다. 이대로라면 인구 감소는 불 보듯 뻔한 일이다. 그러면 노동인구도 감소하여 경제 성장률이 떨어질 수밖에 없다. 거리에는 고령자가 넘치고 연금이나 의료 등의 사회보장비도 팽창한다. 하지만 고령자를 떠받칠 젊은이가 적어 현역 세대의 부담이 커진다. 또 고령자가 갖고 있던 거액의 저축은 줄어들고만 있다. 물론 세수도 늘지 않기 때문에 정부 재정도 엄격해진다. 머릿속에 암울한 시나리오만 떠오른다.

하지만 한 대학교수를 취재했을 당시, 그런 시나리오는 전제조건을 주의해서 볼 필요가 있다는 이야기를 들었다. 인구가 줄면 노

동인구도 줄어 경제 성장률이 떨어진다고 하지만, 최신 테크놀로지를 구사하고 노동생산성을 높여 경제 성장률이 떨어지지 않게 하면 어떨까? 인구가 줄어 경제규모가 그대로라면 1인당 GDP가 증가한다. 즉 풍족함은 오히려 늘어나는 셈이다.

실제로 과거의 일본 인구와 1인당 GDP를 보면 50년간 인구는 1.4배 늘었지만 1인당 GDP는 7.3배 증가했다. 즉 인구 증가 이상으로 GDP가 증가했다. 1인당 노동생산성이 대폭으로 상승했기 때문이다. 미래에도 경제규모가 줄어들지 않게 대처해가면 된다. 물론 저출산·고령화 대책도 중요하며, 저출산·고령화 시대에 적합한 사회를 어떻게 만들어갈 것인지도 요구된다. 비관하든 낙관하든 새로운 시대는 반드시 온다. 지금은 모두가 새로운 시대에 대비하기 위한 지혜를 짜야 할 시기다.

〈R25〉 2006년 3월 16일〉

글감 구성 방법 ②
2,000자 문장

2,000자가 넘는 문장이 되면, 글감을 하나하나 이야기하듯 처음부터 다시 배열하는 것은 상당히 힘든 작업이다. 그렇게 하면 오히려 시간이 더 걸린다.

나는 기승전결 같은 이론을 의식한 적은 없지만 글감을 알기 쉽게 구성하기 위한 기본 골격은 있다. 다음과 같은 순서대로 나열하는 방식이다.

• 결론 → 이유와 배경 → 전개(결론을 보충하는 구체적인 예) → 정리

처음에 결론을 쓰고 다음에 이유와 배경, 상세적인 내용을 쓰고, 거기에서 파생하여 말하고 싶은 구체적인 예를 쓰고, 마지막에 정리하여 결론을 확인한다.

이것도 내가 인터넷 매체에 기고한 기사를 예로 들어 설명하겠다.

《라이잡은 어떻게 결과를 약속할 수 있을까?》라는 책을 집필할 때, 나는 직접 라이잡에 회원으로 가입하여 2개월간 프로그램을 경험했다. 그 과정과 결과를 쓴 기사다.

기사 분량은 2,500자, 집필 시간은 한 시간 정도였다. 실제 문장은 183페이지에서 확인할 수 있다.

공감으로 시작하면 읽기 쉬워진다

이 기사는 '나의 체험기를 써줬으면 좋겠다'라는 의뢰를 받아서 썼는데, 독자와 목적은 구체적으로 설정되어 있지 않았다.

그래서 나는 먼저 독자와 목적을 설정했다.

'정말 살이 빠질까?'

'혹독한 트레이닝으로 무리하게 살을 빼겠지?'

'건강을 해치지는 않을까?'

'바로 요요가 오지는 않을까?'

라이잡에 관해 인터넷이나 주위 지인에게 듣고 조사하다 보니, 그런 회의적인 시선을 갖고 있는 사람이 매우 많다는 걸 알게 됐다. 그래서 나는 그런 의문을 갖고 있는 나의 친구들을 '독자'로 설정했다.

또한, 나 역시 라이잡의 실제 프로그램을 체험하기 전까지는 그렇게 생각했다. 그래서 그 사람들에게 "실은 그렇지 않습니다. 오히려 확실한 원리를 바탕으로 건강하게 살을 뺄 수 있습니다"라는 메시지를 전달하는 것을 목적으로 했다. '그렇구나!' 하고 공감하게 하고 싶었다. 이것이 '진짜 목적'이다.

그러고 나서 먼저 큰 흐름을 만드는 데 착수했다. 앞에서 얘기한 것처럼, 눈앞에 독자가 있다면 어떻게 설명할지 생각한다.

나는 쓰고자 하는 주제에 관해 전혀 모르는 독자를 대상으로 글을 쓸 때, 다음과 같은 패턴을 자주 활용한다.

주제를 잘 모르는 독자를 대상으로 쓸 때의 5단계 왕도

① 독자가 공감할 내용으로 시작한다.

② '그것은 사실과 다르지 않을까?' 하고 독자에게 의문을 제기한다.

③ 그 의문을 증명한다.

④ 새로운 발견으로 놀라게 한다.

⑤ 결론을 전한다.

이를 앞서 말한 '결론 → 이유와 배경 → 전개 → 정리'의 5단계와 조합하여 구성했다. 다음과 같은 흐름이다.

① 라이잡을 미심쩍어하는 사람이 많다.

② 그래서 내가 직접 해봤다.

③ 놀랍게도 확실하게 살이 빠지는 원리가 있었다.

④ 애초에 많은 사람이 왜 살이 찌는지 잘 모른다.

⑤ 비만의 원인이 되는 당질을 차단한다.

⑥ 비만의 원인이 되는 대사저하를 방지하기 위한 근육 트레이닝을 한다.

⑦ 원리를 이해하기 때문에 요요가 오지 않는다.

큰 흐름에 따라 글감을 보충해간다

그리고 각각의 항목에 구체적인 글감을 보충해간다.

① 라이잡을 미심쩍어하는 사람이 많다.

 • 충격의 비포-애프터 광고

 • 엄청 힘들지 않을까?

② 그래서 내가 직접 체험해봤다.

- 체중 2개월에 7킬로그램 감량, 허리둘레 11센티미터 감소
- 건강하게 살이 빠졌다.
- 힘들지 않았다. 한 번 더 할 수 있다.

③ 놀랍게도 확실하게 살이 빠지는 원리가 있었다.

④ 애초에 많은 사람이 왜 살이 찌는지 잘 모른다.
- 다이어트와 날씬한 몸매에 관심 있는 사람은 많다.
- 그들에게 왜 살이 찌는지 물어도 제대로 답하지 못한다.
- 살이 찌는 원인은 당질과 기초대사다.

⑤ 비만의 원인이 되는 당질을 차단한다.

⑥ 비만의 원인이 되는 대사저하를 방지하기 위해 근육 트레이닝을 한다.
- 단, 식사를 줄이는 다이어트는 근력이 떨어져 오히려 역효과를 가져온다.

⑦ 원리를 이해하기 때문에 요요가 오지 않는다.
- 건강을 위해 라이잡을 찾는 사람이 늘고 있다.
- 요요가 올 확률은 7퍼센트.
- 원리를 이해하고 생활이 바뀌었다.

라이잡의 다이어트 성공 비결은 무엇일까?

· 독자: 라이잡을 미심쩍어하는 친구

· 진짜 목적: 건강하게 살을 빼는 원리가 있음을 알려주고 이해시키는 것

하루가 멀다고 소개되는 탤런트, 아이돌, 경제 평론가 등의 충격적인 비포-애프터 모습에 놀란 이들이 적지 않을 것이다. 라이잡의 텔레비전 광고 시리즈 이야기다.

어떻게 저렇게 살이 빠졌을까? 뭔가 특별한 것을 한 게 아닐까? 식사는 제대로 할까? 저렇게 살이 빠져도 몸에 이상이 없을까? 그런 생각을 하기도 한다. 나 역시 그렇게 생각했다.

저서 《라이잡은 어떻게 결과를 약속할 수 있었을까?》의 집필에 앞서 나는 2개월간 직접 라이잡을 경험해보기로 했다. 그리고 2개월 후, 나 자신도 예상치 못한 결과가 기다리고 있었다.

공감을 끌어내 다음 이야기가 읽고 싶어지는 서두

결과를 보장하는 원리

특별히 살이 찌지 않았던 나의 체중은 불과 2개월 만에 7.2킬로그램이 줄었다. 허리는 11.8센티미터 감소하고 체지방률은 25퍼센트에서 17.7퍼센트가 됐다. 오랜만에 만나는 사람 대부분이 나의 모습에 놀라며 멋있어졌다고 했다.

하지만 더 놀라운 것은 건강하게 살을 뺐다는 사실이다. 중장년이 다이어트를 하면 갑자기 나이 들어 보이는 일도 있는데 전혀 그렇지 않았다. 오히려 젊어졌다는 말을 들었다. 그렇다면 다이어트에 성공한 나는 지난 2개월간 힘들었을까? 아니, 전혀 그렇지 않다. 물론 식사 제한으로 공복을 느낀 날은 있었다. 빡빡한 트레이닝 프로그램도 있었다. 하지만 견딜 수 없을 만큼 힘들었냐고 묻는다면 "아니요"라고 말하겠다. 한 번 더 할 수 있겠냐고 묻는다면 "예"라고 답할 것이다.

라이잡은 어떻게 결과를 약속할 수 있을까? 거기에는 확실한 원리가 있다. 아무렇게나 무리하게 살을 빼지 않는다.

중년 비만의 메커니즘

책을 쓰기 위해 나는 주위로부터 다양한 정보를 수집했다. 다이어트와 날씬한 몸매에 관심 있는 사람이 정말 많음을 새삼 깨달았다.

하지만 놀라운 사실이 있었다. 의외로 대부분의 사람은 "왜 살이 찔까요?"라는 기본적인 질문에 답하지 못했다. 살이 쪘다는 데에는 신경 쓰면서 왜 살이 찌는지는 잘 모르고 있었다. 나 자신도 그랬다. 그래서 살이 찌는 원리를 알아보기로 했다. 대체 살이 찌게 하는 것의 정체는 무엇일까? 바로, 당질이다.

이 당질은 단것에만 들어 있는 게 아니다. 밥이나 빵, 면류, 과일, 주스 등 평소 지극히 보통으로 먹고 있는 음식에도 많이 함유되어 있다. 예를 들면, 밥 한 공기(150그램)에는 각설탕으로 약 11개 분량의 당질이 함유되어 있다. 한 장에 60그램짜리 식빵이라면 약 여섯 장 분량이다. 이것이 살을 찌게 한다.

한편, 똑같은 음식을 먹어도 젊을 때는 살이 찌지 않는다. 거기에는 이유가 있다. 신체가 성장하는 중에는 많은 에너지를 필요로 하기 때문이다. 하지만 성장이 끝난 성인의 몸은 그만큼 에너지를 필요로하지 않는다.

그뿐만이 아니다. 성인의 근육은 아무것도 하지 않으면 누구든 쇠퇴한다. 개인차는 있지만 20대 후반부터 쇠퇴가 진행된다. 인간이 생명을 유지하는 데 필요한 최소한의 에너지 대사를 기초대사라고 하는데, 근육이 쇠퇴하면 이 기초대사량이 줄어든다.

기초대사량이 줄어 필요한 에너지 양은 줄어드는데, 젊을 때와 똑같이 식사를 하면 에너지가 체내에 남아 체지방으로 축적된다. 이것이 살이 찌는 원인이다.

즉 근육을 단련하든지, 운동으로 에너지를 소비하든지, 식사를 바꾸지 않는 한 필연적으로 살이 찌기 마련이다. 이

것이 중년 비만의 메커니즘이다.

이 원리를 이해하면 일반적인 다이어트의 위험도 알 수 있다. 살이 쪄서, 살찌는 게 싫어서 열심히 힘든 다이어트에 도전하는 사람도 많다. 하지만 유감스럽게도 살이 잘 빠지지 않고 바로 요요가 오기도 한다.

사실 여기에도 원리가 있다. 이전의 이른바 칼로리 다이어트는 오히려 살이 찔 수도 있다.

칼로리 다이어트의 문제점

칼로리 전체, 즉 식사 전체를 줄이면 근육도 떨어진다. 다이어트로 너무 살이 빠져 건강을 해치기도 하는 건 이 때문이다. 근육이 줄어들면 기초대사량이 줄어든다. 그러면 필요한 에너지도 줄어든다. 조금만 먹어도 에너지가 남게 된다. 이것이 살을 찌운다.

원래 살을 찌우는 것은 당질이다. 칼로리가 아니라 당질인 것이다. 예를 들어 메밀국수 1인분(200그램)과 스테이크 1인분(200그램)은 어느 쪽이 더 살이 찔까? 메밀국수는 264칼로리, 스테이크는 996칼로리다. 이렇게 보면 메밀국수 쪽이 살이 덜 찔 거라 생각할 것이다.

하지만 당질을 보면 메밀국수가 48그램, 스테이크는 0.6그램이다. 메밀국수가 칼로리는 낮지만 1인분에 각설탕

종래의 다이어트는 오히려 살이 찐다 = 결론을 보충하는 구체적인 사례

10개 분량의 당질이 함유되어 있다. 얼핏 건강식품처럼 보여도 실은 주의가 필요하다.

무엇보다 근육을 유지하면서 식사에서 당질을 줄여가는 것이 중요하다. 라이잡은 그 점을 꿰뚫고 있다. 이 맞춤 기술이 핵심으로 영양분을 제대로 섭취하면서 식사에서 당질을 차단하는 저당질 식사법과 1회 50분, 주 2회의 근력 트레이닝으로 진행된다. 실제로 나는 이 방법만으로 7킬로그램 이상을 뺐다.

요요는 없다?

라이잡에는 건강에 관심이 많은 사람이 주로 찾아온다. 비만은 건강에도 큰 영향을 끼친다. 좋아하는 음식을 맘껏 먹으면 병의 위험도 높아진다.

그렇다면 라이잡은 요요는 없을까? 회원들의 데이터를 보면 1년 후에 요요가 온 사람은 약 7퍼센트다. 반대로 말하면 93퍼센트는 요요가 오지 않았다.

나 자신은 라이잡 다이어트를 한 후 지속적으로 최저 체중을 갱신하고 있다. 왜일까? 살이 빠지는 원리를 이해했기 때문이다. 식사는 이전과 크게 다르지 않다. 당질이 많은 식사에서 육류나 생선, 두부 등의 단백질과 식이섬유를 많이 섭취하게 됐다. 밥도 먹고 맥주도 마시지만 원리를 알고 있으므로 조절할 수 있다.

몸을 움직이려고 가능한 한 걷게 됐고, 텔레비전 뉴스를 보면서 가벼운 스트레칭이나 근육 트레이닝을 하는 것도 일과가 됐다. 움직이지 않으면 에너지가 남는다는 것을 알기 때문이다. 원리를 이해함으로써 살이 찌지 않는 생활습관으로 바뀔 수 있었다.

(〈도요게이자이〉 온라인 2016년 8월 28일)

글감 구성 방법 ③
5,000자 문장

5,000자 이상의 긴 글이 술술 읽히려면 뭐니 뭐니 해도 구성력이 중요하다. 이 구성력 때문에 고민하는 사람이 많은데, 나는 이때도 처음부터 전체를 구성하는 게 아니라 글감을 보면서 해나간다.

구체적인 예를 들어보겠다.

'일본마이크로소프트의 업무 수행 방식 개혁'이라는 주제의 기사다. 목적은 '잘나가는 외국계 기업의 꼭 알아야 할 참신한 전략'을 소개하는 것이다.

이 기사는 다음과 같은 글감으로 구성됐다.

• 일본마이크로소프트의 업무 수행 방식 개혁은 아는 사람은 다 아는 내용이다. 83만 명 이상이 견학했다.
• 해외 레스토랑 같은 사무실 같지 않은 공간이 있다.
• 기본적으로 아무 자리에서나 일하며, 직원의 80퍼센트는 고정된 자리가 없다.

- 고정 전화가 없어졌고 사무실 내에서는 어디서든 일할 수 있게 됐다.
- 재택근무나 원격근무도 가능하며 시간에 구애받지 않는다.
- 육아에도 유용하다. 수요일은 재택근무, 가족 병간호를 위해 고향이나 해외에서도 업무를 볼 수 있다.
- 직원 대부분이 원격근무제를 채택했으며, 주 1~3회가 대부분이다.
- 일과 삶의 균형에 대한 사내 만족도 40퍼센트 높아졌다.
- 여성 직원의 이직률이 40퍼센트 줄었다.
- 업무 개혁의 배경은 경영진의 위기감이었다.
- 업무 수행 방식에 얽매여서는 변화에 대응할 수 없다. 직원도 활기차게 일할 수 없다.
- 미국 본사 경영진이 3년째 교체되면서 인사평가에서 대전환을 맞이했다.
- 소프트웨어 판매 라이선스 매출에서 '어떻게 사용될 것인가?'로 인식이 전환됐다.
- 대전환에 대응할 수 있었던 것은 유연한 업무 수행 방식이 가능했기 때문이다.
- 미국 본사는 창업 41년인 작년 가을 주가가 사상 최고치를 기록했다.

- 일본에서도 변혁이 순조롭게 진행되고 있다.
- 업무 수행 방식의 개혁이 순조롭게 진행된 것은 경영 비전의 일부였기 때문이다.
- 제도를 만드는 것이 아니라 문화를 만들어갔다.
- 맘껏 활약하는 것이 전제 조건이다.
- 상사의 관리 능력도 문제시된다.
- 이제 언제 어디서든 자기가 좋아하는 장소에서 일할 수 있는 회사가 존재한다.

이 글은 기본적으로 커뮤니케이션 본부장의 취재를 바탕으로 썼는데, 취재 당시의 흐름은 이렇지 않았다. 취재 시점에는 글감을 몰랐기 때문에 어떤 글을 쓸지도 구체화되어 있지 않았다.

왜 업무 수행 방식을 개혁했고 어떤 결과를 낳았는가, 무엇부터 시작했는가, 어떤 식으로 진행했는가 등의 질문을 해가는 중에 앞의 글감이 차례차례 나왔다.

취재하고 글을 쓸 때의 '글감 노트' 작성법

나는 취재할 때 A4 용지 크기의 노트에 되도록 많은 메모를 한다.

집에 돌아와서는 녹음한 취재 자료를 빨리 듣기로 들으면서 놓친 부분을 가필한다. 그러면 취재의 모든 것을 담은 취재 메모가 완성된다. 글감이 될 만한 내용만 추려 형광펜으로 표시해가면, 글감을 망라한 노트가 완성된다.

글감을 전부 나열하면 글감별로 분류할 수 있다

이때 독자와 목적이 확실하게 드러나 글감만 봐도 흐름이 떠오르기도 하지만, 5,000자가 넘어서면 여간해선 그렇게 되기 힘들다.

그래서 나는 앞서 잠깐 언급했듯이, '글감을 보면서 글감을 묶을 가지'를 찾는 방법을 사용한다. 글감이 많으면 반드시 같은 주제에 속하는 것이 있다. 그 글감끼리 묶으면 읽기 쉬운 구성이 눈에 들어온다. 나는 이것을 '잎에서 가지 찾기 발상법'이라고 부른다. 잎이 될 글감을 모아 가지를 만드는 것이다.

이 일본마이크로소프트 기사도 나열한 글감을 큰 가지로 분류할 수 있었다. 여기서는 편의상 7개의 가지를 우선 만들었다.

① 왜 업무 수행 방식을 개혁했는가?

- 업무 개혁의 배경은 경영진의 위기감이었다.
- 업무 수행 방식에 얽매여서는 변화에 대응할 수 없다. 직원도 활기차게 일할 수 없다.

② 제도는 어떻게 활용되고 있는가?

- 재택근무나 원격근무도 가능하며 시간에 구애받지 않는다.
- 육아에도 유용하다. 수요일은 재택근무, 가족 병간호를 위해 고향이나 해외에서도 업무를 볼 수 있다.
- 직원 대부분이 원격근무제를 채택했으며, 주 1~3회가 대부분이다.

③ 업무 수행 방식 개혁의 개요

- 일본마이크로소프트의 업무 수행 방식 개혁은 아는 사람은 다 아는 내용이다. 83만 명 이상이 견학했다.
- 해외 레스토랑 같은 사무실 같지 않은 공간이 있다.
- 기본적으로 아무 자리에서나 일하며, 직원의 80퍼센트는 고정된 자리가 없다.
- 고정 전화가 없어졌고 사무실 내에서는 어디서든 일할 수 있게 됐다.

- 이제 언제 어디서든 자기가 좋아하는 장소에서 일할 수 있는 회사가 존재한다.

④ 실현하는 데 필요한 것이나 과제는 무엇인가?
- 맘껏 활약하는 것이 전제 조건이다.
- 상사의 관리 능력도 문제시된다.

⑤ 어떠한 결과를 낳았는가?
- 일과 삶의 균형에 대한 사내 만족도 40퍼센트 높아졌다.
- 여성 직원의 이직률이 40퍼센트 줄었다.

⑥ 왜 잘 진행됐는가?
- 경영 비전의 일부였기 때문에
- 제도를 만드는 것이 아니라 문화를 만들어갔기 때문에

⑦ 회사에 무엇이 일어났는가?
- 미국 본사 경영진이 3년째 교체되면서 인사평가에서 대전환을 맞이했다.
- 소프트웨어 판매 라이선스 매출에서 '어떻게 사용

될 것인가?'로 인식이 전환됐다.

· 대전환에 대응할 수 있었던 것은 유연한 업무 수행 방식이 가능했기 때문이다.

· 미국 본사는 창업 41년인 작년 가을 주가가 사상 최고치를 기록했다.

· 일본에서도 변혁이 순조롭게 진행되고 있다.

이처럼 잎이 되는 글감으로 가지를 만들어감으로써 글 전체를 구성하기가 쉬워졌다.

그런 다음에는 가지를 눈앞에 있는 사람에게 이야기하듯 순서를 나열해간다. 실제 기사를 쓸 때는 ③ → ② → ⑤ → ① → ⑦ → ⑥ → ④의 순으로 원고를 썼다.

글감을 강조하여
전달되기 쉽게 한다

똑같은 이야기인데 어떤 사람의 이야기는 재미있고, 어떤 사람의 이야기는 재미없게 들린 적이 있을 것이다. 또 당신의 동료나 클라이언트 중에 '이 글을 읽지 않으면 당신은 손해'라는 정도의 박력으로 사람을 확 끌어당기는 기획서를 쓰는 사람이 한두 명은 있을 것이다.

어떤 식으로 읽는 사람의 흥미를 끌어내고, 놀라게 하고, 감동시킬 것인가. 이런 장치가 잘 마련된 글은 술술 읽힐 뿐 아니라 힘이 있다. 무엇보다 그런 생각을 갖고 있으면 쓰는 사람도 수월하게 쓸 수 있다. 특히 쓰는 사람의 기분이 상대에게 고스란히 전해진다는 점에서, 재미있게 쓰는 것은 대단히 큰 의미가 있다.

어찌 보면 독후감은 쓰는 사람이 읽는 사람에게 주고 싶은 느낌이라 할 수 있다. 쓰는 사람이 놀라지도 감동하지도 않은 글을, 읽는 사람이 놀라고 감동할 리는 없다.

글감에 놀라움을 가미하면 어떨까?

단 그것만으로는 너무 추상적이다. 전하고자 하는 기분을 글에 반영하려면 글감을 강조해야 한다. 글감은 단순히 나열하는 것이 아니라 의식적으로 강조해야 돋보인다.

예를 들어, 2015년에 출간한 나의 저서《심쿵으로 100억 엔》의 글감을 쭉 나열해보면 다음과 같다.

· 연 매출 100억 엔. 도쿄 증시에 상장한 게임회사가 있다. 이른바 '연애 게임(등장하는 캐릭터와 게임 세계 안에서 가상 연애를 체험하는 게임 - 옮긴이)'이다.
· 상장은 2010년
· 이용자는 누계 2,600만 명
· 매출이 해마다 꾸준히 30퍼센트씩 늘고 있다.
· '일본 테크놀로지 Fast 50' 8년 연속 수상
· 창업자는 도쿄대 공학부 출신으로 UCLA에서 영화를 공부했다.
· 매년 새로운 콘텐츠를 선보이고 있다.
· 계속해서 히트하는 구조가 있다.

목적으로 돌아가면 강조할 글감을 판별할 수 있다

이 회사는 특히 남성에게는 거의 알려지지 않았다. 그래서 나는 독자가 '이런 회사도 있구나!' 하고 놀라며 읽어주기를 바랐다. 놀라움을 느끼게 하는 것이 이 글의 진짜 목적이므로, 그 목적을 달성하기 위해 놀라움으로 이어질 글감을 선별했다.

전하고자 하는 생각을 글감으로 정리하지 않으면 항목을 나열한 듯한 글이 되어 의도가 제대로 전달되지 않는다. 나는 이 놀라움을 전하기 위해 다음과 같이 정리했다.

실제 서두 전문이다.

연애 게임으로 연 매출 100억 엔에 증시 상장까지

계기는 한 잡지의 인터뷰 의뢰였다. 도쿄 증시에 상장한 신생 기업 창업자의 이야기를 듣고 싶다고 했다. 잡지에서 경영자를 인터뷰하는 것도 나의 주된 일이기에 평소처럼 취재 상대의 정보를 수집하기 시작했다. 하지만 금세 손이 멎고 말았다. 사업 내용이 너무 의외였기 때문이다.

거기에는 모바일 콘텐츠로 여성 대상의 연애 게임을 만든다고 쓰여 있었다. '연애 게임? 모바일 콘텐츠?' 하지만 어엿한 상장기업이다. 더구나 연 매출액이 100억 엔에 달한다고 한다.

연애 게임으로 연 매출 100억 엔, 더구나 도쿄 증시 상장이라니, 나는 이 엄청난 격차에 놀라고 말았다.

게임 시장의 확대로 많은 회사가 급성장을 이뤘다는 사실은 알고 있었다. 하지만 그런 회사가 제공하는 게임은 많은 사람이 즐길 수 있는 지극히 평범한 게임이라고 생각했다. 그런데 이 회사가 만드는 게임은 연애 게임이다. 게다가 대상이 여성이다. 극도의 틈새시장을 노린 사업이라 할 수 있다. 이 게임으로 연 매출 100억 엔, 증시에 상장까지 했다. 상장 시기는 2011년, 소셜게임 붐이 일어나기 전이었다.

듣자 하니, 연애 게임의 이용자는 지극히 평범한 여성들이라고 한다. 연애 게임이라고 하니, 처음에는 특별한 취향의 여성들이 즐기지 않을까 싶었다. 그런데 완전히 헛짚은 것이었다. 게임 이용자 수는 이 회사만 해도 누계 2,600만 명에 이른다고 한다. 연애 게임을 출시한 지 8년이 됐다니 단순계산으로도 연간 300만 명 이상이 이 게임을 즐긴 셈이다.

그중에는 당연히 애인이나 남편이 있는 사람도 있다. 그런데 그 애인이나 남편이 연애 게임이라고 눈살을 찌푸리기는커녕 게임을 즐기는 애인이나 아내를 응원한다고 한다. 게임의 완성도가 높기 때문이라는데, 남성들이 '이 게임이라면 괜찮다'라고 할 수준이라고 한다.

한편, 모바일 콘텐츠 게임 시장이라고 하면 흔히 부침이 심한 업계라고 생각한다. 1999년 아이모드의 콘텐츠 출시를 기점으로 500억 엔 규모로 성장한 이 시장은 2011년에는 700억 엔을 돌파했다. 스마트폰의 보급이 확대되면서 SNS를 플랫폼으로 한 소셜 앱 시장도 2010년에 1,000억 엔을 넘어섰다.

게임 시장에서는 인기 게임을 출시하여 급성장을 이루던 기업이 붐이 사그라지면 매출이 급강하하는 일이 잦다. 그 틈을 타고 다른 회사의 인기 게임이 새로운 승자로 떠올라 급성장한다. 최근 몇 년 새 그런 일이 반복되고 있다.

그런데 연애 게임을 만든 이 회사는 다르다. 2006년 이후 매출액이 해마다 30퍼센트씩 꾸준히 증가하고 있다. 부침이 격심한 업계에서 지속적인 성장세를 자랑한다. '일본 테크놀로지 Fast 50'에서 이 회사는 8년 연속 수상이라는 역대 최다 수상 기록을 갖고 있으며('일본 테크놀로지 Fast 50'은 감수법인 도마쓰가 일본 국내 테크놀로지, 미디어, 텔레커뮤니케이션 업계의 과거 3년간 이익 성장률을 바탕으로 매해 발표하는 성장 기업 50사 순위다), 지속적으로 성장하는 기업임을 여기서도 증명했다.

이 연애 게임을 잇달아 출시하여 상장기업을 일구어낸 창업자는 도쿄대 공학부를 졸업하고 유명 광고회사인 하쿠호도(博報堂)에서 일한 경력을 가지고 있다. 재직 중 자비로 미국 유학을 떠나 명문 UCLA에서 영화를 공부한 인물이다. 이 또한 연애 게임과 연관이 없다.

대체 어찌 된 일일까? 나는 원래 '내가 세상일을 이렇게 몰랐던 가?' 하는 의식을 갖고 일을 하는데, 이 회사는 정말 몰랐던 세계 여서 흥미가 절로 일었다. 그리고 인연이 닿아 이 회사에 관한 책 을 쓰게 됐다.

'내가 세상일을 이렇게 몰랐던가?' 하는 생각이 새삼 강하게 들었 다. 취재를 해가면서 놀랄 일은 점점 더 많아졌다. 꾸준한 성장에 는 분명 그 이유가 있었다.

이 회사는 어떻게 성장해왔을까? 단적으로 말하면 해마다 새로 운 연애 게임 콘텐츠를 시장에 선보였기 때문이다. 2013년에는 6개였는데, 대부분 대박을 쳤다. 유명 게임회사 중에는 한 해에 1~2개의 게임밖에 출시하지 않는 곳도 있는데, 대박을 친 게임이 한 해에 6개나 나오다니 가능한 일일까?

이 회사는 그럴 만도 했다. 계속해서 대박을 칠 구조를 만들어내 고 있었다. 먼저 회사 운영이 독창적인 발상으로 이뤄진다. 그래 서 직원들도 분발할 수 있고 일을 즐길 수 있다. 연애 게임으로 100억 엔의 매출을 올리고 상장까지 한 데에는 확실한 배경이 있 었다.

이 회사의 사명은 '볼테이지'다. 여성 대상의 연애 게임 시장에서 는 엄청난 존재감을 자랑한다. 경쟁상대가 없지는 않지만, 거의 없는 것이나 다름없다.

남성과 비교하여 게임을 하는 여성을 떠올리기는 어려운데, 그들은 대체 어떻게 여성 게임 시장을 개척했을까? 그리고 어떻게 이용자를 사로잡았을까? 이 책에서는 그 배경을 철저히 밝힌다.

세상의 절반은 여성이다. 스마트폰 이용자의 절반도 여성이다. 여성을 타깃으로 사업을 펼칠 사람에게 볼테이지의 전략은 큰 참고가 될 것이다.

앞으로 콘텐츠를 만드는 모든 상황에서 볼테이지는 중요한 의미를 갖게 될 것이다. 볼테이지를 아는 것은 현재와 미래의 콘텐츠 시대를 아는 것이기도 하다.

사업 경영에 폭넓게 관여하는 사람과 미래의 관리자를 꿈꾸는 사람에게 이 회사의 발상을 아는 것은 분명 큰 의미가 될 것이다.

앞의 항목별 메모를 읽었을 때의 인상과 이 전문을 읽은 인상은 아주 다르리라 생각한다.

• 서두 4줄의 나 스스로 놀랐던 체험, 연애 게임과 100억 엔 그리고 증시 상장과의 격차
• 더구나 창업은 소셜게임 붐이 일기 전이고, 연애 게임 이용자가 지극히 평범한 여성들이라는 점

내가 놀랐던 사실을 그 느낌 그대로 썼다.

나는 이 기사를 다 쓰기까지의 시간을 기억하고 있지 않

다. 분량으로 치면 30분 정도겠지만, 시간을 잊을 만큼 몰입했기 때문이다. 자신이 너무나 전하고 싶은 글감을 모으면 빨리 쏠 수 있다.

바르게
분량 줄이는 법

글감이 많아 글을 술술 써 내려가는 건 좋은데, 종종 글의 분량이 기준보다 훨씬 넘어설 때가 있다.

다시 한 번 독자와 목적으로 돌아간다

그럴 때는 우선순위가 낮은 부분을 파악하여 분량을 조절한다.

핵심은 두 가지다.

- 첫째, 글감 단계에서 글의 분량을 줄이는 것
- 둘째, '독자'와 '목적'으로 돌아가서 판단하는 것

끝까지 쓴 글을 줄이는 건 매우 어려운 문제다. 이미 틀이 잡혔는데 그 틀을 깨뜨리려니 아깝기도 하다. 또 어느 부분

을 줄이는 게 최선일지 판단이 잘 서지 않기 때문이다.

이럴 때는 글을 쓰기 전의 글감을 다시 한번 들여다본다. 글 전체가 아니라 글감 단계에서 글을 재점검하고, 우선순위가 낮은 글감 관련 부분을 없애나가면 분량을 좀 더 수월하게 줄일 수 있다.

한 가지 예를 들어보겠다. '리쿠나비 넥스트 저널'이라는 웹사이트에 기고했던 나의 기사로 제목은 다음과 같다.

'메르세데스 벤츠는 왜 라면을 팔았을까? 생동감 넘치는 외국계 기업 시리즈 ② – 메르세데스 벤츠 일본'

고급 외제차를 취급하는 메르세데스 벤츠 일본이 참신한 마케팅 전략으로 매출을 높이는 가운데, 이번에는 라면을 마케팅에 활용했다는 취재 기사다.

이 기사를 쓸 때 준비했던 글감은 다음과 같다.

· 메르세데스 벤츠 일본이 특제 라면을 발매하여 인터넷에서 화제가 됐다.
· 일본 법인의 실적은 최근 몇 년 매우 호조를 보이며 4년 연속 최고 기록을 세웠다.
· 그 배경은 참신한 마케팅 전략에 있다.

- 메르세데스는 특별한 사람이 타는 차가 아니게 됐다.
- 대형 쇼핑몰에 전시한 적도 있다.
- 애니메이션을 사용한 광고도 하고 있다.
- 상징적 존재인 차를 팔지 않는 쇼룸.
- 독일 본사는 처음에 반대했다.
- 평소 생활과 밀접한 존재로 다가가려는 것이 목적이다.
- 성공하여 지금은 전 세계 여덟 곳에서 사업을 전개하고 있다.
- 비어테라스도 기획 중인데 술과 차의 조합은 조금 이례적이다.
- 상상 이상의 경험을 하기 바란다는 의도가 바탕이 되고 있다.
- 라면 기획도 그중 하나다.
- 아이디어를 낸 사람은 17년간 인사 업무를 맡아왔다.
- 라면을 활용하여 '고급'이라는 장벽을 걷어내고 싶었다.
- 사장이 라면을 좋아한다는 사실을 담당자는 사전에 알고 있었다.
- 애니메이션 광고로 세계관을 연출했다.
- 세 종류의 라면에는 각각 의미가 있다.
- 화제 모으기에 성공하여 모든 방송국에서 취재를 왔다.
- 기간 한정 라면은 연일 성황을 이루며 완판되고 있다.

- 외국계 회사지만 일본 시장에 큰 기대를 갖고 있다.
- 봄을 대비한 이벤트 준비가 한창이다.

5,700자를 4,000자로 바르게 줄이는 방법

5,700자의 글을 4,000자로 줄여야 한다면 당신은 이상의 글감 중에서 무엇을 줄이겠는가.

이 기사는 연재 기사의 하나로 목적은 '외국계 기업의 참신한 전략'을 알아보는 것이다. 그래서 택한 곳이 메르세데스 벤츠 일본이었다.

독자는 30세 전후 직장인으로 경제 뉴스를 찾아 웹사이트를 방문한 사람이다. 30대는 라면을 좋아하는 세대다. 라면이라는 키워드는 절대 빠트릴 수 없다. 목적인 '참신함' 면에서도 호소력이 높은 소재다.

'리쿠나비 넥스트 저널'은 경제 매체이지 연예 채널이나 음식점 소개 매체가 아니기 때문에 면발이나 맛 등 라면 자체의 정보와 관련해서는 우선순위가 높지 않다. 하지만 어떻게 라면 기획을 실현했는지에 대해 배경을 구성하는 요소는 빠트릴 수 없다.

그래도 글자 수가 남는다면 소재를 라면으로 압축하고,

라면 이외에 메르세데스 벤츠의 마케팅론이 다음에 줄일
요소가 된다. 그런 식으로 논점을 압축하면서 글감을 줄여
나간다.

그 과정을 밟으면 다음과 같이 선을 그은 부분은 과감하
게 잘라도 된다고 판단할 수 있다.

- 메르세데스 벤츠 일본이 특제 라면을 발매하여 인터넷
에서 화제가 됐다.
- 일본 법인의 실적은 최근 몇 년 새 매우 호조를 보이며 4
년 연속 최고 기록을 세웠다.
- 그 배경은 참신한 마케팅 전략에 있다.
- 메르세데스는 특별한 사람이 타는 차가 아니게 됐다.
- ~~대형 쇼핑몰에 전시한 적도 있다.~~
- ~~애니메이션을 사용한 광고도 하고 있다.~~
- 상징적 존재인 차를 팔지 않는 쇼룸.
- 독일 본사는 처음에 반대했다.
- 평소 생활과 밀접한 존재로 다가가려는 것이 목적이다.
- 성공하여 지금은 전 세계 여덟 곳에서 사업을 전개하고
있다.
- ~~비어테라스도 기획 중인데 술과 차의 조합은 이례적이다.~~
- 상상 이상의 경험을 하기 바란다는 의도가 바탕이 되고

있다.

· 라면 기획도 그중 하나다.

· ~~아이디어를 낸 사람은 17년간 인사 업무를 맡아왔다.~~

· 라면을 활용하여 '고급'이라는 장벽을 걷어내고 싶었다.

· 사장이 라면을 좋아한다는 사실을 담당자는 사전에 알고 있었다.

· 애니메이션 광고로 세계관을 연출했다.

· ~~세 종류의 라면에는 각각 의미가 있다.~~

· 화제 모으기에 성공하여 모든 방송국에서 취재하러 왔다.

· 기간 한정 라면은 연일 성황을 이루며 완판되고 있다.

· 외국계 회사지만 일본 시장에 큰 기대를 갖고 있다.

· 봄을 대비한 이벤트 준비가 한창이다.

10분 만에
간단한 기획서를 쓴다

거래처에 이벤트 기획을 제안한다. 회사의 신규 사업을 기획한다. 새로운 프로젝트를 기획서에 정리한다. 이렇듯 업무 현장에서는 기획서를 쓸 기회가 많다.

하지만 기획서 쓰기를 좋아하는 사람은 별로 많지 않다. 나는 취재 의뢰서를 비롯하여 기획서를 쓸 일이 많은데, 간단한 기획서라면 10분 만에 쓴다.

기획서도 기본적으로는 글이므로 기본 사고방식은 동일하다. 가장 먼저 독자와 목적을 떠올려야 한다.

- 누가 읽을 것인가?
- 어떤 느낌을 줄 것인가?

화제와 그 해결법에 따라 글감을 모은다

카피라이터 시절, 기획서는 '기획 의도를 한마디로 정리하면 된다'라고 배웠다.

기획 의도를 항상 염두에 두고 과제를 설정한다. 그리고 그 과제를 이 기획으로 해결할 수 있음을 나타낸다. 따라서 기획서를 써야 할 때는 화제와 그 해결책을 명시하기 위한 글감을 모으면 된다.

예전에 취재했던 인기 가전회사 다이슨에 관한 책의 기획서를 만들어보자. 독자와 목적, 기획 의도는 다음과 같다.

· 독자: 출판사 편집자
· 목적: 편집자가 '이 책을 출간해야겠다'라고 생각하게 만드는 것
· 기획 의도: 다이슨을 둘러싼 과제를 해결하는 것

예를 들면 다음과 같다.

제품은 알려졌지만 회사는 알려져 있지 않다
이 과제를 해결하기 위한 요소는 무엇인가?

- 제품은 알려졌지만 회사는 알려지지 않았다.
- 다양한 히트 상품이 있다.
- 이런 이유로 팔리고 있다.
- 이런 사람이 사용한다면 좋아할 것이다.

이 요소를 바탕으로 다양한 히트 상품, 이런 이유, 이런 사람에게 해당하는 글감을 모은다. 300자 정도의 기획 취지를 쓴다면 다음과 같은 글이 될 것이다.

왜 다이슨만 계속 팔릴까?

다이슨은 청소기와 선풍기에 이어 드라이어까지 가전 업계를 속속 석권하고 있다. 다이슨만의 기능, 참신한 디자인, 놀랄 만한 성능이 강점이다.

가격이 놀랄 만큼 비싼데도 모든 가전매장에서 높은 매출을 자랑한다. 물건 가격이 점점 저렴해지는 시대에 어떻게 이런 일이 가능할까?

한편, 지금은 텔레비전 광고로 친숙해졌지만 다이슨이라는 회사에 관해 자세히 아는 사람은 많지 않다. 영국 브랜드라는 정도는 알지만 실제로 어떤 회사인지는 잘 모른다.

그런 다이슨을 다양한 각도에서 취재하여 고찰해본다. 다이슨 제품의 팬부터 '왜 다이슨만 팔릴까?'라고 한숨짓는 가전 업계 관계자, '어쩌면 저렇게 참신한 제품을 만들까?'라고 느끼는 다양한 업계의 직장인을 대상으로 한다.

어려운 이야기는 필요 없다. 단순하게 과제 해결을 의식하며 기획 의도를 만들고 거기에서 글감을 생각하여 쭉 써 내려간다면 기능적인 기획서가 될 것이다.

20분 만에
500자 서평을 쓴다

이전에 잡지 〈편집회의〉에서 젊은 저술가들을 대상으로 추천도서를 써달라는 의뢰를 받았다. 사전에 글감을 생각하고 모아두면 500자 서평은 20분 만에 쓸 수 있다.

당시의 추천도서는 사와키 고타로의 저서 《패배한 사람들》이었다.

독자는 젊은 저술가, 목적은 '좋은 글감을 만났을 때 쓰는 사람이 도취하지 않도록 주의할 것'이다.

나도 경험이 있다. 취재 중에 정말 좋은 글감이 손에 들어오면 독자를 감동시킬 수 있을 거란 생각에 열정이 끓어 넘친다. 하지만 독자는 '이 저자는 왠지 감동을 강요하는 것 같다'라는 느낌을 받기도 한다. 그런 일이 발생하지 않도록 하는 데 사와키의 글이 큰 도움이 된다. 사와키의 글은 정말 훌륭하여 읽으면서 별로라는 인상을 받은 적이 없다.

그런 멋진 글을 배우는 데 안성맞춤인 글감이 이 《패배한 사람들》이다. 그 목적을 위해 필요한 글감은 어떤 것일까?

독자가 눈앞에 있다면 어떤 식으로 이야기할지 떠올리며 다음과 같은 글감을 가져왔다.

- 필자가 도취되는 일이 있다.
- 글감이 매력적이면 매력적일수록 위험하다.
- 도취한 문장과 그렇지 않은 글의 경계는 어디일까?
- 그것을 배울 수 있는 것이 사와키의 글이다.
- 인상적인 서두부터 가슴에 와닿는 맺는 글까지 단번에 관통한다.
- 나 자신도 몇 번이나 읽었다.
- 읽으면서 배우는 방법도 있다.

실제로 쓴 글은 이렇다.

패배한 사람들(사와키 고타로)

글을 쓰다 보면 자기 세계에 푹 빠져들 때가 있다. 글감이 매력적이면 매력적일수록 그렇다.

그렇게 저자가 혼자 취해버린 글을 접하며 독자로서 기분이 상했던 경험이 누구에게나 있을 것이다. 글솜씨가 뛰어난 사람일수록 그 위험은 높아진다.

그렇다면 어디부터가 도취한 글이고 어디부터가 도취한 글이 아닐까? 그 균형을 절묘하게 가르쳐주는 글이 사와키 고타로의 글이다.

그중에서도 그가 젊은 시절에 쓴 단편집은, 물론 필자의 생각도 담겨 있지만 절대 강요하지 않는 절묘한 균형이 느껴지는 멋진 작품이 많다. 게다가 인상적인 서두로 시작하여 가슴에 와닿는 맺는 글까지 단번에 관통하니 읽는 사람이 지루할 틈도 없이 마지막까지 설레며 읽을 수 있다.

'대체 어떻게 구성하면 이런 전개가 가능할까?', '어쩌면 이렇게 재미있는 글을 쓸 수 있을까?' 젊은 시절 그런 생각을 하면서 몇 번씩 푹 빠져 읽었던 기억이 있다. 좋아하는 작가의 단편을 찾아 반복하여 읽고 배우는 것, 이것은 아주 좋은 공부다.

독자에게 조금 어렵겠다 싶은 글감은 설명을 덧붙여 500자 글로 써 내려간다.

서평이라 해서 반드시 책 내용을 쓸 필요는 없다. 독자와 목적을 명확히 정하면 쓰는 방법은 다양하다. 젊은 직장인을 대상으로 '실패의 권유'라는 주제도 있을 테고, 여성을 대상으로 '남자의 패배의 미학' 같은 접근도 가능하다. 필요한 것은 독자가 느낄 가치다. 독자와 목적만 의식해도 다양한 각도에서 글감을 얻을 수 있다.

40분 만에
1,000자 칼럼을 쓴다

주간지 〈AERA〉에서 변화를 주제로 한 특집이 있었는데 내가 예전에 근무했던 리크루트그룹이 거론됐다. '전 리크루트 카피라이터가 말하는 변화의 DNA'라는 주제로, 나 나름의 시점에서 1,000자 정도의 평론을 써달라는 의뢰였다. 사업 현장에서도 업계를 고찰하거나 경쟁 업체를 분석하거나 상황을 정리한 보고서를 쓸 기회는 많다.

나는 그 의뢰를 받고 독자를 일반 직장인으로 설정했다. 단 특집이 '변화'인 만큼 변화와 성장에 관심이 많은 의욕적인 사람, 그리고 리크루트에 관심 있는 사람에게 흥미를 돋울 글을 써야겠다고 생각했다. 목적은 '리크루트의 변화하는 힘은 어디에 있는가?'에 관해 나 나름의 견해를 전하는 것이었다.

나는 이렇게 보고 있었다.

• 리크루트는 저절로 변화에 강한 회사가 된 게 아니다.

- 변화하기 위한 노력을 끊임없이 해왔다.

이 결론으로 가기 위한 글감을 생각해봤다. 이때는 내가 예전에 근무했던 경험 자체가 글감이 되는 이점이 있었다.

- 재직 당시 제조전문회사 설립 기념 파티에서 창업자를 만난 적이 있다.
- 평소 생각하던 것과는 달리 차분한 인상이었다.
- 카리스마보다는 그의 말 한마디 한마디가 인상 깊었다.
- 스스로 기회를 창출하고 그 기회로 자신을 바꾸어라.
- '변화'는 사훈이 됐다.
- 그것을 가장 강하게 의식하고 있는 곳은 채용 현장이다.
- 가장 우수한 인재를 인사 관련 부서로 보낸다.
- 채용 기준은 '변화에 대한 내성'이다.
- 입사 후에는 더욱 변화가 요구된다.
- 신규 사업 개발 콘텐츠 등이 변화를 더욱 가속화한다.
- 최근 리크루트 직원에게 취재한 내용
- 리크루트는 상장, 인터넷화 등으로 외양은 바뀌었지만 내면은 바뀌지 않았다.
- 중국 부임자가 예전 사훈을 중국어로 번역하여 직원에게 배부했다.

- 변화의 노력은 지금도 계속되고 있다.
- 창업자가 남긴 강렬한 말은, 지금 바다를 건너기 시작했다.

이 글감을 고른 후 써 내려간 글이 다음과 같다.

전 리크루트 카피라이터가 말하는 변화의 DNA
내가 재직했던 곳은 1990년에 설립한 제조전문회사 그룹이었다. 설립 기념 파티에 창업자 에조에 히로마사가 와 있었는데, 그 작은 몸집에 가냘픈 모습은 누군가 알려주지 않았다면 알아보지도 못할 뻔했다. 에너지가 펄펄 끓고 강렬한 카리스마를 풍기는 경영자로는 전혀 보이지 않았다.

에조에가 강렬한 빛을 발한 것은 리크루트에 남긴 글 때문이 아닐까 생각한다. 예전에 사훈으로 사용됐던 '스스로 기회를 창출하고 그 기회로 자신을 바꾸어라'다. 변화가 사훈이었던 것이다.

이 말이 가장 제대로 구현되고 있는 곳이 채용 현장이다. 당시에는 가장 우수한 인재를 인사 관련 부서로 보낸다는 말을 자주 들었다. 우수한 인재이기 때문에 우수한 인재를 알아본다는 논리다. 다만, 변화에 대한 내성을 추가로 조사할 필요가 있었다. 변화를 싫어하고 안정을 추구하는 사람은 리크루트에 전혀 맞지 않기 때문이다. 원래 변화에 내성이 강한 인재가 입사 후 한층 더 자신을 변화시킨다. 이렇게 변화가 당연한 문화가 정착되어 있다. 그리고 거기에 혁신의 마인드를 향상시키기 위한 신규 사업 개발 콘텐츠 등 다양한 대책이 더해진다. 이로써 '바뀔 수 있다', '바뀌어야 한다'라는 분위기가 더욱 고조된다.

나는 퇴직한 지 20년이 넘었지만, 웹 매체를 통해 인연이 닿아 이번 봄에 5명의 중견 에이스 직원을 인터뷰할 기회를 얻었다. 변할 수 있다는 분위기는 지금도 변함이 없는 것 같았다. 하지만 기업 규모나 사업 내용. 인터넷화 등 리크루트의 외양이 바뀐 것 못지 않게 좀 더 대담하게 인재를 발탁할 수 있는 인사제도, 과학적인 사업 경영, 이상적인 경영관리 등 내면도 크게 바뀌어 있었다. 마치 다른 회사 같았다.

취재 당시 중국에서 근무하던 한 관계자에게 재미있는 이야기를 들었다. 앞서 언급한 사훈을 중국어로 번역하여 패널로 만들어 중국인 직원에게 배부했다는 것이다. 리크루트는 저절로 바뀐 것이 아니다. 바뀌기 위해 부단히 노력해왔고, 그래서 바뀔 수 있었다. 창업자 에조에가 남긴 강렬한 말은 지금 바다를 건너기 시작했다.

〈AERA〉 2014년 9월 8일〉

책 한 권,
10만 자를 5일에 쓴다

나는 저술가로서 매월 한 권의 책을 쓰는데, 한 달 내내 쓰는 것은 아니다. 대략적인 원고는 대부분 보름 정도면 완성된다. 다양한 일을 하는 틈틈이 퇴고하고 최종 원고로 마무리하여 월말에 원고 파일을 첨부한 메일 발신 버튼을 누르면 임무가 완료된다. 이것이 매월의 흐름이다. 한 달 내내 책에만 매달리는 것도 아니다. 다른 연재도 맡고 있고 취재도 많다.

그렇다면 오롯이 책에 들이는 시간은 어느 정도일까? 보통 글감 정리에 2일, 글감이 갖춰지면 4~5일 정도에 한 권을 쓴다. 책 한 권을 5일에 쓴다면 놀라겠지만, 글감이 확실하게 정리되어 있기에 충분히 가능하다.

완성된 차례가 있으니 어떤 글감을 어디에 어떤 식으로 쓸지 대부분 머릿속으로 떠올릴 수 있다. 글감 정리법인 '포스트잇 글감 관리법'은 뒤에서 자세히 설명하겠다.

글감은 책의 부품이다. 그 부품을 어디서 어떻게 사용할지 설계도가 완성되어 있으니 5일에 한 권을 쓸 수 있는 것이다.

그렇다면 이 책을 쓰는 데는 어느 정도의 시간이 걸렸을까? 모두 메모해달라는 편집자의 부탁이 있었다. 어느 장의 몇 항목을 몇 시간에 썼는지 공개해본다.

- 1일째: 13시~18시(시작하며 / 서장)

    20~13시(1장, 2장 3항목)

- 2일째: 14시~18시 30분(2장 16항목 / 3장 4항목)

    20시~23시(3장 16항목)

- 3일째: 13시~14시(4장 / 5장 3항목)

    16시~19시(5장 3항목)

    20시~23시(5장 11항목)

- 4일째: 14시~16시(6장 5항목)

    19시~21시(6장 10항목)

- 5일째: 17시~19시(실천 편)

    20시~22시(실천 편 / 맺는 글)

총 29시간 30분, 하루에 7시간씩 썼다면 4일 남짓 걸린 셈이다.

2,000자 글을 쓸 수 있는 사람은 10만 자 책도 쓸 수 있다

책 한 권은 약 10만 자다. 10만 자를 5일에 쓴다니 놀라는 사람도 있겠지만, 오늘에 이르기까지는 발상의 전환이 있었다.

내가 처음 책 쓰는 일을 시작했을 때, 한 권에 10만 자라는 말을 듣고 무척 놀랐다. '그런 어마어마한 양을 쓸 수 있을까?' 하고 말이다. 그런데 글감을 정리하다가 문득 이런 생각이 들었다.

'사고방식을 바꾸면 아무것도 아니잖아. 10만 자가 아니라 2,000자 분량의 원고가 50개 모였다고 생각하면 되지.'

10만 자를 단번에 쓰기는 어려워도 2,000자 원고라면 쓰는 데 익숙하다. 그렇다면 2,000자 원고를 50개 쓰면 되지 않을까 싶었다.

내가 쓴 책 대부분은 대략 50개의 항목으로 이뤄졌다. '5일'이라면 2,000자 원고를 하루에 10개 만들면 된다.

힘들이지 않고 긴 글을 쓸 수 있는
포스트잇 글감 관리법

내 책을 쓰는 경우와 경영자 등 저자의 책을 대신 쓰는 경우가 있는데, 여기서는 후자를 소개하겠다. 작가가 아니라 저술가로서의 일이다.

앞에서도 다뤘지만, 저술가의 일은 장시간의 인터뷰로 저자가 가진 콘텐츠를 끌어내는 것부터 시작한다. 저자가 갖고 있지 않은 것, 생각하고 있지 않은 것을 멋대로 써서는 안 된다. 어디까지나 인터뷰에서 나온 이야기나 자료를 참고하여 쓴다.

대부분은 약 열 시간 정도에 걸쳐 다양한 각도에서 이야기를 끌어내기 위한 취재를 한다. 이것이 그대로 책의 글감이 된다.

책은 기획 주제가 정해져 있는 만큼, 인터뷰 시점에서 들은 것은 확실하게 망라할 수 있도록 취재를 위한 콘텐츠(차례)를 만드는 일이 중요하다. 그것을 5회로 나누어 들으면서 놓친 부분은 없는지 확인한다.

약 열 시간 분량의 긴 인터뷰는 모두 기록용 업자에게 보낸다. 녹음 데이터를 듣고 텍스트로 만드는 역할이다. 최종적으로 이 텍스트를 보면서 글을 쓴다.

열 시간이면 분량이 상당하다. A4 용지로 400~500장이나 되는 경우도 있다. 나는 이 텍스트를 하루에 걸쳐 꼼꼼히 읽고 그 텍스트를 바탕으로 책의 콘티를 만들어간다. 이것은 취재 콘티와는 별개일 때가 많다. 또 책에 따라서는 편집자가 미리 만들어둔 콘티가 있어, 그 콘티에 맞춰 인터뷰하기도 한다.

2,000자가 될 글감을 모은다

이때 주의해야 할 점은 약 2,000자로 쓸 수 있는 글감을 찾는 것이다. 또는 글감이 여럿 모이면 2,000자가 되도록 의식하면서 텍스트를 확인해간다. 왜냐하면 책은 '2,000자×50'개로 이뤄지기 때문이다. 전체를 다시 꼼꼼하게 읽어 글감을 정리하면서 책의 설계가 될 콘티를 완성해가는 것이다음 단계다.

콘티가 완성되면 그 콘티를 바탕으로 글을 쓰는데, 그 글의 글감은 A4 용지로 400~500장 되는 아주 두꺼운 텍스트

안에 묻혀 있다. 만일 아무것도 하지 않고 그대로 쓰려면, 쓸 때마다 그 두꺼운 텍스트 안에서 글감을 찾아내야 한다. 이것은 너무 비효율적이다.

그래서 내가 고안한 방법이 포스트잇 글감 관리법이다. 말 그대로 포스트잇을 사용하여 글감을 관리하고 분류하는 방법이다. 예를 들면, 1장은 분홍, 2장은 노랑, 3장은 초록으로 색을 정해놓는다. 콘티와 두꺼운 텍스트를 대조하여 글감이 될 부분에 포스트잇을 붙여 콘티와 같은 키워드를 기록해둔다.

이 방법으로 텍스트의 처음부터 정리해간다. 그러면 1장의 글감은 두꺼운 텍스트 중 분홍 포스트잇 부분에 있게 된다. 2장이라면 노랑, 3장이라면 초록인 상황이다.

예를 들어, 50개의 글감을 5장으로 10개씩 나눈다면 1장에는 10개의 글감 키워드가 있게 된다. 따라서 분홍 포스트잇 중에 키워드와 합치하는 부분을 펼쳐 그것을 바탕으로 글을 쓰면 된다.

이렇게 설계도(콘티)와 부품(글감)을 모두 갖춘 상태에서 쓰기에 들어가니, 1장을 쓰는 첫째 날에는 분홍색 포스트잇만 확인하면서 단번에 쓸 수 있다. 포스트잇 색으로 분류해 놓았기 때문에 어떤 장을 쓸 때 어떤 포스트잇 색을 보면 될지 바로 알 수 있다. 포스트잇에는 콘티와 합치하는 키워드가 쓰여 있어 해당하는 부분을 바로 찾을 수 있다.

두꺼운 텍스트 외에 다양한 자료도 포스트잇으로 관리하면 글을 쓸 때 글감으로 활용할 수 있다. 이런 식으로 나는 단번에 책을 쓴다.

내 책을 쓸 때는 직접 콘티를 만들면서 글감이 될 내용을 쓴다. 앞서 언급했듯이, 이 모든 작업을 아이폰을 사용하여 언제 어디서든 하고 있다.

편집자와의 인터뷰나 회의 내용을 녹음하여 글감으로 사용하기도 하는데, 이때도 메모해뒀다가 종이에 출력한 후 포스트잇 글감 관리법으로 관리한다.

잡지나 웹 기사로 장문의 글을 쓸 때도 이 방법을 사용한다. 메모가 노트 여기저기에 흩어져 있거나 자료의 양이 방대할 때는 적당히 분량을 나누어 각각 다른 색 포스트잇으로 글감이 될 부분에 붙여간다.

예를 들어 1만 자 원고라면 2,000자씩 5개가 된다. 해당 항목을 쓸 때는 그 포스트잇이 붙여진 부분만 보면 된다. '그때 그 내용이 어디에 있었더라?' 하고 글을 쓰는 도중에 노트나 자료를 찾는 데 허비하는 시간을 없앨 수 있다.

집중하여 단번에 쓰는 데에도 포스트잇 글감 관리법은 큰 의미가 있다. 특히 책이나 장문의 원고 같은 긴 글을 쓸 때 도움이 많이 된다.

글이 절로 써지는 습관: 실천

· 주제에 대해 전혀 알지 못하는 독자를 대상으로 할 때는 '결론
→ 이유와 배경 → 전개 → 정리' 순으로 쓴다.

· 가장 내세우고 싶은 글감을 강조하면 메시지가 잘 전달된다.

· 글을 줄일 때는 글감을 바탕으로 한다.

· 책과 같이 긴 글은 '2,000자로 된 글감'을 여럿 만든다.

· 포스트잇 글감 관리법으로 글감의 위치와 수를 파악한다.

잘 쓰고 못 쓰고는
중요하지 않다

"글을 써야 한다는 생각만으로도 눈앞이 깜깜해져요."

이런 얘기를 정말 많이 들었다. 글을 써야 하는 일이 비약적으로 늘어난 이 시대에 글을 싫어하는 사람은 한층 더 스트레스를 안게 됐다.

많은 사람이 그렇게 글을 싫어하게 만든 가장 큰 요인은 학교 국어 교육이 아닐까 생각한다. 단적으로 말하면, 문학과 실용적인 글의 경계를 배우지 못한 탓이다. 학교 교과서에는 문호나 평론가, 프로 작가의 난해한 글을 싣고 그 해석을 요구한다.

그런 글에서 받는 인상은 다음과 같지 않을까?

- 글은 어려운 것이다. 고상한 것이다.
- 글은 문학적 재능을 타고난 사람이 쓰는 것이다.
- 표현력이 풍부한 글이 잘 쓴 글이다.

문학적인 글을 부정하려는 것이 아니다. 나 또한 소설을 많이 읽는다. 하지만 문학적인 글은 어디까지나 문학이라는 하나의 학문에 속하며, 사회에서 도움이 되는 실용적인 글과는 별개임을 제대로 가르쳐주어야 한다. 나도 예전에는 글쓰기를 싫어했던 터라 그런 생각이 강하다.

글 쓰는 일을 20년 이상 계속해오면서 든 생각은, 글을 좀 더 가볍게 대하고 부담 없이 사용해도 된다는 것이다. 무게 잡지 않아도 괜찮고, 꾸미지 않아도 괜찮다. 전하고 싶은 것을 전할 수 있으면 된다. 잘 쓰고 못 쓰고는 중요하지 않다. 글은 어디까지나 커뮤니케이션의 도구일 뿐이기 때문이다. 중요한 것은 전하는 내용, 즉 글감이다.

역설적일지 모르지만, 이 사실을 깨달은 사람이야말로 글 쓰는 것을 좋아하는 사람이 아닐까? 전달하고자 하는 내용을 그대로 쓰고, 그것이 상대에게 가닿았을 때의 기쁨을 아는 사람 말이다. 바꾸어 말하면 '글을 쓰는 것 자체가 목적이 아닌 사람'이라고 할 수도 있겠다.

나도 그렇다. 인식의 변화가 생기자 그토록 싫어하던 글쓰기를 할 수 있게 됐다. 조금만 더 어깨의 힘을 빼면 된다. 그 사실만 깨달아도 글에 대한 거부감이 줄어든다. 그리고 글 쓰는 속도도 분명 빨라진다.

이 책은 내가 갈고닦아온 빨리 쓰는 기술을 어떻게 알기 쉽게 전할 것인가에 중점을 두고 쓰였다. 이 책을 세상에 선보이는 데 다이아몬드출판사의 곤노 료스케에게 많은 도움을 받았다. 다시 한번 감사드린다. 또 이 책을 완성할 수 있었던 것은 지금까지 많은 일을 할 기회를 얻었기 때문이다. 그런 의미에서 지금까지 나에게 일을 의뢰해준 많은 분에게 다시금 감사드린다.

글 쓰는 것을 싫어하는 사람에게, 글을 빨리 쓰고 싶어 하는 사람에게, 그럼으로써 일의 생산성을 향상시키고 싶어 하는 사람에게 이 책이 조금이나마 도움이 된다면 매우 행복하겠다.

읽으면 진짜 글재주 없어도 글이 절로 써지는 책

초판 1쇄 인쇄 2018년 7월 11일 초판 1쇄 발행 2018년 7월 18일

지은이 우에사카 도루
옮긴이 장은주
펴낸이 연준혁

출판 2본부 이사 이진영
출판 2분사 분사장 박경순
디자인 강경신

펴낸곳 (주)위즈덤하우스 미디어그룹 출판등록 2000년 5월 23일 제13-1071호
주소 경기도 고양시 일산동구 정발산로 43-20 센트럴프라자 6층
전화 031)936-4000 팩스 031)903-3893 홈페이지 www.wisdomhouse.co.kr

값 12,800원
ISBN 979-11-6220-744-4 03320

국립중앙도서관 출판시도서목록(CIP)

읽으면 진짜 글재주 없어도 글이 절로 써지는 책 / 지은이:
우에사카 도루 ; 옮긴이: 장은주. — 고양 : 위즈덤하우스
미디어그룹, 2018
  p. ; cm

원표제: 10倍速く書ける超スピード文章術
원저자명: 上阪徹
일본어 원작을 한국어로 번역
ISBN 979-11-6220-744-4 03320 : ₩12800

글쓰기

802-KDC6
808-DDC23   CIP2018020407